河北经贸大学出版基金资助项目
金融学省级重点学科经费资助项目

区域视野下的资本形成机制与效率

郭翠荣　著

北　京
冶　金　工　业　出　版　社
2015

内 容 提 要

本书以已有的关于资本与经济增长关系的理论研究为基础，围绕资本形成的三要素——储蓄、投资和投资转化机制，分别展开河北省和江苏省间的比较分析。研究发现，市场化水平、城市化进程、对外开放程度、金融发展水平在两省存在显著差距，进而影响到两省经济发展的源动力——资本形成。据此，本书从转变政府职能、促进民营经济快速发展、加快城镇化建设、建立多元高效的金融体系等几个方面对河北经济金融发展提出建议，供相关部门和人员参考。

图书在版编目(CIP)数据

区域视野下的资本形成机制与效率/郭翠荣著.—北京:
冶金工业出版社，2015.8
ISBN 978-7-5024-7039-5

Ⅰ.①区… Ⅱ.①郭… Ⅲ.①资本—形成机制—研究
Ⅳ.①F014.39

中国版本图书馆 CIP 数据核字(2015)第 212977 号

出 版 人　谭学余
地　　址　北京市东城区嵩祝院北巷 39 号　邮编　100009　电话　(010)64027926
网　　址　www.cnmip.com.cn　电子信箱　yjcbs@cnmip.com.cn
责任编辑　杨盈园　陈慰萍　美术编辑　杨　帆　版式设计　孙跃红
责任校对　卿文春　责任印制　李玉山
ISBN 978-7-5024-7039-5
冶金工业出版社出版发行；各地新华书店经销；三河市双峰印刷装订有限公司印刷
2015 年 8 月第 1 版，2015 年 8 月第 1 次印刷
169mm×239mm；9.75 印张；186 千字；144 页
35.00 元

冶金工业出版社　投稿电话　(010)64027932　投稿信箱　tougao@cnmip.com.cn
冶金工业出版社营销中心　电话　(010)64044283　传真　(010)64027893
冶金书店　地址　北京市东四西大街 46 号(100010)　电话　(010)65289081(兼传真)
冶金工业出版社天猫旗舰店　yjgycbs.tmall.com

前　言

江苏省是东部发达地区的典型代表，河北省虽处于东部却仅具有中部发展水平，作为河北省经济研究的本土学者，一直关注并试图找出区域经济发展不均衡的根源，本书稿特此命名为《区域视野下的资本形成机制与效率》，展开对河北省与江苏省的比较分析。

本书围绕资本形成的三要素——储蓄、投资、投资转化机制分别展开省际间比较分析，主要包括6章内容。

第1章为导论，主要介绍了研究背景和意义，并对全书的结构安排进行了粗线条的概括。

第2章为理论基础，在界定了资本和资本形成的内涵之后，回顾了有关研究资本与经济增长关系的理论文献，大部分的理论研究表明资本在经济增长中的贡献率很高。国内外学者对我国经济增长的研究也表明，作为一个新兴的发展中国家，我国经济增长的动力主要源于资本积累。正是基于这样的背景，本书对江苏、河北两省资本形成的比较研究才有重要的现实意义。

第3章对资本形成的储蓄动员机制展开省际比较。因为居民部门的储蓄在国民储蓄中占有很大的比例，又是净储蓄主体，居民储蓄便成为资本形成中的关键因素。将居民储蓄作为储蓄理论研究的对象，出现了众多有关居民储蓄行为的理论学说，诸如凯恩斯的绝对收入假说、杜森贝里的相对收入假说、弗里德曼的持久收入假说、莫迪利亚尼的生命周期假说、流动性约束理论等，基本上都认为收入是决定居民储蓄的基础。国内学者对我国居民储蓄的研究虽然各有不同的侧重，但研究结论都验证了绝对收入是影响居民储蓄的重要因素，收入的增长率、城市化水平等对储蓄率也产生积极的影响。本章在对江苏、河北两省储蓄动员机制的比较研究中，发现城市化水平的不同会通过城乡居民收入水平的传导影响居民储蓄的规模和结构。由于较高的城市化水平，江苏省较多的城镇居民及其较高收入积极推动了储蓄额的形成，而河北省则因为较低的城市化水平、较少的城镇居民及其相对较低的收入没办法支撑起较高的储蓄形成，因此导致了两省明显的储蓄差距。

第4章对资本形成的投资机制进行省际比较，通过对两省固定资产投资的不同经济成分和不同资金来源的统计分析，发现市场化程度和对外开放程度的不同使得两省在投资形成效率方面差异极大。江苏省作为经济发达省份，市场化程度和对外开放程度较高，市场化经济投资占比远高于河北省。在市场化投资的推动下，资本形成便进入了良性循环的轨道：市场化程度越高——资本形成数量和效率越高——经济产出水平越高，经济产出水平的提高一方面推动了市场化投资的进一步形成，另一方面还会通过提高储蓄率为资本积累提供坚实的物质基础。这样，市场化的资本形成便源源不断，周而复始。河北省则因为国有经济掌握着大量的投资资源，市场化程度较低，遏制了资本形成进入良性循环的轨道。

第5章对储蓄－投资转化中发挥主导作用的金融机制展开省际比较，发现江苏省金融机构由于存在较高的市场化程度，在投资转化效率上远远高于河北省。这是因为，金融机构较高的市场化水平能促使金融资源的配置更符合经济发展的客观要求，更加有效地实现投资的转化，从而带动金融与经济良性循环局面的逐步形成。而河北省金融机构在资本形成的投资转化中，金融资源更多地受政府行政力量的控制，资金配置效率低下，金融成长受到压制，经济发展中的资本缺口不能得到有效解决，经济增长减缓。经济的缓慢发展，反过来又不能提供充足的可动员的储蓄资源，金融发展由于资金来源的短缺进一步受到压制，经济与金融进入了恶性循环的局面。在直接融资对资本形成的作用上，两省近些年都表现出较好的发展趋势，但差距也是显而易见的，这也从一个方面反映了市场化程度对金融机制投资转化效率的显著影响。

第6章根据全书的分析给出结论并提出对应的建议。全书的比较研究显示两省在资本形成的储蓄机制、投资机制和金融转化机制上都存在着较大的差距，从而影响两省经济发展的原动力——资本形成。鉴于江苏省高度的城市化、市场化水平和对外开放带来的高水平资本形成，本章对河北省如何积极推进资本形成提出了一些粗浅的建议，包括：转变政府职能，优化市场环境；促进民营经济和外商投资快速发展；加快城镇化建设；建立多元高效的金融体系。

在发达的市场经济条件下，资本形成对经济增长的作用机制相对顺畅。但在市场经济还不完善的情况下，资本形成对经济增长的作用机制就会受到限制。因此，必须根据不同地区经济发展的不同阶段和不同情况辩证地分析资本形成与经济增长的作用。本书收集了1990～2013年长达23年时间跨度的数据，采取实证分析方法考察并比较了江苏、河北两省有关资本形成机制与效率的差异，并借助大量的现实数据，说明两省存在差距的根源。

资本形成不仅依赖于储蓄动员和投资转化，更在于储蓄转化为投资过程中的机制与效率，此时金融发挥功能的程度和效率至关重要。因此我们不仅看到两省资本形成的差距，更看到两省金融发展的差距。反思改革开放以来所推进的金融深化政策在促进区域间经济协调发展的过程中是否存在一些缺陷以及我国在实施金融深化的方法是否得当，也就成为本书稿完成之后要思考的问题。

郭翠荣

2015年6月

目　录

1 导　论

1.1 研究的背景及意义

经济学家常常根据不同的标准来划分各个国家或者某个国家在不同时期的经济增长方式。其中最常用的标准是依据经济增长中诸要素的贡献份额来划分，它是以现代经济学的生产函数及相应的经济增长因素分析理论为基础的。根据这一理论的分析，构成一国经济增长的源泉主要有两类：要素投入的增加和效益（全要素生产率）的提高。如果要素投入的贡献大于效益提高的贡献，那么该国经济增长是粗放型的。相反，如果效益提高对经济增长的贡献大于要素投入的贡献，则为集约型的增长方式。依据这样的理论分析框架，国内很多学者对我国经济增长的因素进行了分析（胡永泰、海闻、郭克莎、沈坤荣、张军、武剑等），得出了大致相同的结论：我国的经济是投资推动的粗放型经济增长。沈坤荣计算出的结果显示，1953～1994 年期间全部要素投入对产出增长的贡献份额为 73.03%，全要素生产率对产出增长的贡献额为 26.97%，属于典型的粗放型经济增长[1]。武剑（2000）的研究进一步证明：粗放型的经济增长中，高储蓄率所支持的高投资率和资本积累率发挥了重要的推动作用。张军（2004）、袁志刚（2003）的研究也表明：我国的经济增长很大程度是靠外延的投资拉动的，资本积累是经济增长的原动力。

在目前我国主要依靠投资推动的粗放型经济增长模式下，各省的经济也在粗放增长中不断前进。江苏省作为东部地区经济发展速度较快的省份，浓缩了我国改革开放以来出现的各种经济现象，具有很大的代表性。河北省是处于东部区位中部水平的省份，与江苏省的经济发展差距显著。同属投资推动的经济增长模式，两省经济发展水平为什么存在明显的差异？这样一个疑问引导我们探寻两省资本形成的道路，比较两省的资本形成情况，结果见表 1－1，其差距一目了然。

---

[1] 沈坤荣：《体制转型期的中国经济增长》，南京大学出版社，1999 年。

正是基于二者这种显著的差异，本书试图通过资本形成的机制与效率的比较，全方位了解两省资本形成过程中的差异所在，并找到造成这种差异的根源。这对于发展水平相对落后的河北省来说，无疑有助于有针对性地解决经济发展中的资本缺陷，并且也可以借鉴江苏省资本形成过程中的得失，提高资本形成的效率。

表 1－1 江苏省与河北省的资本形成额 亿元

年份	江苏省资本形成总额	河北省资本形成总额	年份	江苏省资本形成总额	河北省资本形成总额
2000	4044. 78	2246. 67	2007	12504. 5	6710. 87
2001	4393. 21	2325. 61	2008	15017. 72	8277. 67
2002	4808. 67	2429. 9	2009	17571. 9	9264. 77
2003	6182. 38	2860. 73	2010	21173. 29	11037. 38
2004	7957. 76	3659. 84	2011	25049. 05	13890. 37
2005	9462. 3	4727. 66	2012	27258. 07	15244. 63
2006	10721. 7	5482. 96	2013	28634. 29	16386. 2

美国经济学家阿伯拉姆维茨早在20世纪50年代就指出，资本形成过程涉及储蓄、投资、金融三种不同的“独立的”活动。我国发展经济学家杨敬年(1987)、陶文达（1990）也提出资本形成过程包含三个阶段：第一阶段是把收入的一部分节省下来，不用于消费而进行储蓄；第二阶段是通过金融和信用机构使零星储蓄集中起来；第三阶段是由金融机构将储蓄资源贷给投资者用于实际投资（当然，金融机制并不是唯一重要的机制）。沈天鹰（2001）、杨思群(1998)、王益（2003）等人对资本形成的界定基本都围绕这三个方面。本书借用资本形成的这三个要素界定，从储蓄、投资、储蓄－投资的转化三个角度来比较两省的资本形成机制与效率。

1.2 研究的主要内容

本书循着资本形成的三要素，展开省际比较，在比较中发现差异，并通过实证分析说明造成差异的根源，进而对河北省以后的发展提供参考性建议。全书分析框架分为五部分：

第一部分为理论基础，回顾了与资本和经济增长关系研究相关的文献，大部分的研究表明资本在经济增长中的贡献率很高。国内外学者对我国经济增长的研究也表明，作为发展中国家，我国经济增长的动力主要源于资本积累。正是基于这样的背景，对江苏、河北两省资本形成的比较就有重要的现实意义。

第二部分开始对三要素之一的储蓄——资本形成的供给基础，展开省际比较。研究中发现除了“收入”这个学界公认的决定储蓄的重要因素以外，城市化进程中的人口结构与二元经济结构的不同也对两省储蓄差异产生重要影响。因为所处阶段不同，两省的城市化水平对储蓄的影响方向截然相反。

第三部分对投资进行省际比较，通过两省投资中投资主体和资金来源的统计描述，明显地发现对外开放程度的不同使得两省投资在利用外资中差异很大，实证分析准确地验证了这一点。

第四部分针对储蓄－投资转化中发挥主导作用的金融机制展开省际比较，比较结果发现两省的金融差异更多的在于转化效率而非规模，事实上江苏省作为发达省份反而存在更严重的金融抑制。

第五部分根据前面的分析结论，站在河北省的角度提出一些有利于河北省资本形成的建议。

1.3 研究方法

（1）理论分析和历史分析相结合的方法。全书的研究离不开前人理论成果的支撑，把已有的理论应用于全书并辅之以事实，站在历史的角度进行归纳和总结，是本书最基本的分析方法。

（2）规范分析与实证分析相结合的方法。这一分析方法贯穿于全书各章的内容之中，但以实证分析居多。实证分析方法中应用最多的是以大量的经济统计数据为基础，经过加工和处理，以得出相应的结论和观点，有些难以度量或没有统计数据的现象，本书多经过逻辑推理，概括出相应的结论和观点。

（3）比较与归纳相结合的方法。本书主要是对两个省份的资本形成比较，在比较中找差异，在差异中找根源。比较与归纳相结合，是贯穿全书的分析方法。

从总的情况来看，上述几种方法在本书中都是交叉使用的，以便对不同的问题进行不同方法的透视和探讨。

2

资本形成与经济增长的理论综述

2.1 资本与资本形成的界定

2.1.1 资本的含义

近几个世纪，经济学家们对资本的定义作出了不同的解释和运用，但到目前为止还没有一个确切的、为人们所普遍接受的定义。根据庞巴维克的考证，关于资本的定义最早见于1678年出版的《凯奇·德佛雷斯辞典》，在此书中资本被称为能产生利息的“本钱”[1]。之后的经济学家见智见仁，对资本提出了各种解释。马克思充分地论述了资本范畴，认为资本是带来剩余价值的价值，并指出资本不是物，而是社会关系的反映。

西方很多学者撇开意识形态的差别，只将其作为一种生产要素来看待，试图给资本做出最本质的定义。威廉·配第把资本等同于流通中的货币；萨伊认为资本是产业上装备的已经存在的物品和价值；萨缪尔森认为“资本是一种不同形式的生产要素，是一种生产出来的生产要素，一种本身就是经济产出的耐用投入品。”[2] 尽管这些解释各异，但有一个共同的特点，即资本的使用对其所有者总是有效益的。马尔萨斯认为资本不过是“积累的财富中被用来在未来财富的生产与分配中谋取利润的特殊部分”[3]；奥地利学派对资本最有影响的定义是“资本是用作获利的生产出来的产品集合体”[4]；瑞典学派认为“资本是被生产的生产手段”[5]；新古典经济学的鼻祖马歇尔把资本视作是“一个人从他的资产中期望获得的收入的那一部分”[6]；熊彼特把资本定义为“可以在任何时候转交给企业

---

❶ 庞巴维克:《资本实证论》，商务印书馆，1964年，60页。

❷ 萨缪尔森:《经济学》（第12版），中国发展出版社，1995年。

❸ 马尔萨斯:《政治经济学原理》，商务印书馆，1962年，129页。

❶ 庞巴维克:《资本实证论》，商务印书馆，1964年，84页。

❺ 维克赛尔:《国民经济学讲义》，上海译文出版社，1983年，141页。

❻ 马歇尔:《经济学原理》（上），商务印书馆，1981年，97页。

家的一宗支付手段的数额"，"是交换经济中的一种要素"❶ ……

正确理解资本要区分两个概念，即作为货物的资本和作为价值的资本。斯密在《国民财富的性质和原因的研究》中对资本下过一个定义。他首先把资本分为固定资本和流动资本，认为固定资本不仅包括机器和工具、建筑物、改良的土地，而且还包括"社会上一切人民学到的有用才能"，即人力资本，斯密说："学习一种才能，须进学校，须做学徒，所费不少。这样费去的资本，好像已经实现并固定在学习者身上。这些才能，对于他个人自然是财产的一部分，对于他所属的社会，也是财产的一部分，工人增进的熟练程度，可和便利劳动、节省劳动的机器和工具同样看做是社会上的固定资本。学习的时候，固然要花一笔费用，可以得到偿还，赚取利润。"1960 年，舒尔茨在美国年会上发表了《人力资本投资》的演讲，指出资本并不总是有形的、物质的，它也可以体现在人力身上，形成人力资本，从而增加一国的资本存量。他从劳动力要素的角度切入，探讨人在推动技术进步和经济发展中的特殊作用，认为提高人力资本水平是刺激经济增长、缩小收入差距的根本所在。

但是，人力资本水平与技术知识、教育因素等密切相关，人力资本的质量是靠知识积累来逐步提高的。近几十年的世界经济发展现实表明，要获得持续高速的经济增长，离不开高科技的支持。说到底，人们拥有的知识成了决定一国经济增长的首要因素。这样，经济学家对人力资本的考察逐渐转到了对知识资本的关注上。美国经济学家加尔布雷斯第一个提出了知识资本的概念，他认为知识资本是一种知识性的活动，是一种动态的资本，而不是固定的资本形式。在知识资本理论中，企业的目标是知识资本的积累、增殖和实现，是知识资本的营运，企业的组织知识、顾客满意、产品质量水平、员工道德水平、专利和商标这些非直接资产通过知识资本的营运被揭示出来，它们互相作用，互相影响，共同构成了企业的知识资本。因此知识资本的概念将有形资产和无形资产整合在了一起。

事实上，资本范畴的内涵十分丰富和复杂，而且随着经济社会的发展，其内涵也在变化和发展。就其性质而言，资本具有三重存在形态：物质存在、价值存在和关系存在。资本的物质存在可以理解为资本品，资本循环动态地表现为货币资本、商品资本、生产资本。资本品作为特殊的生产要素，不同于初级要素，它能把土地、劳动、知识技能等生产要素综合起来，形成适合生产力发展的组织结构。资本的价值存在表现为它是能带来价值增值的价值，任何形态的商品经济社会中，资本均采取价值的形态。资本的关系存在是指它体现商品经济社会中一定的生产关系。鉴于研究的需要，本书撇开资本的物质存在和关系存在，倾向于资本的价值存在形式。

---

❶ 熊彼特：《经济发展理论》，商务印书馆，1990 年，136 页。

2.1.2 资本形成的界定

在西方经济学界，对资本形成问题的研究，最有影响力的要算库兹涅茨和纳克斯。西方经济学中，资本形成是指总投资的增加，即净投资。不过，由于资本重置通常包含生产能力的一次显著上升，总投资额要比净投资额与经济增长的关系更为直接和重要，因而也可以用资本形成一词表示总投资。库兹涅茨就这样指出："资本形成指的是资本数量的增加，如果不扣除即期耗费的固定资本，则是指资本总额。如果做了扣除则是指资本净额。"❶ 由于资本的来源是储蓄，库兹涅茨就将资本形成看成是储蓄的实现，认为注意力应该放在储蓄量上。纳克斯认为，资本形成是指"社会不把它全部生产活动用于直接消费品的生产，而以一部分用于资本财的生产：工具、机器、交通器材、工厂及设备——各式各样可用来增加生产效能的资本财。"❷

库兹涅茨对资本形成的认识显然存在着明显的不足：资本形成只是表示实际投资的规模或水平，而没被理解为一种机制作用下发生的经济过程。库兹涅茨在分析中经常使用的概念是"总资本形成额"、"净资本形成额"和"资本形成率"，把资本形成完全理解为一种数量指标，显然这不利于理解一国资本形成净额或总额大小的内在原因，同时容易忽视对资本形成过程的研究。而对于发展中国家来说，除了研究资本形成的数量外，也许更应该关注促成资本形成的"金光大道"。

纳克斯对资本形成概念的界定，正确地把握了资本形成就是增大社会资本存量的特性，然而他把消费品的生产活动同资本形成完全对立起来则是值得商榷的。我们认为，尽管消费品本身不进入资本形成总量，但生产消费品的投资却具有资本形成性质，因为生产消费品的投资也同样使一定数量、形态的机器设备、原料、厂房等"资本财"结合起来，形成在生产过程中真正发挥作用的物质资本。假如没有生产消费品的投资活动，就整个社会来说，必定有一部分"资本财"游离于生产力系统之外。

因此，要全面地理解资本形成，必然包含两方面内容：第一，资本形成是一个过程，然后才是作为这一过程的必然结果；第二，资本形成同一切生产性投资活动相联系，无论是资本品还是消费品的生产性投资都会导致资本形成。于是，可得出资本形成的概念，即资本形成是指在一个经济社会中的储蓄供给与投资需求的相互作用下，储蓄转化为生产性投资，投资形成一定的资本形式，产生一定生产能力的过程与结果。这里，过程强调的是资本形成机制，结果强调的是资本

❶ 西蒙·库兹涅茨：《现代经济增长》，北京经济学院出版社，1989 年，208 页。

❷ 纳克斯：《落后国家的资本形成》，台湾银行研究室，1967 年，2 页。

形成的数量与质量。

如前所述，资本形成包含三个要素：第一，必须有储蓄资源可资利用，储蓄是资本形成的供给力量；第二，必须有投资需求，投资需求是资本形成的动力；第三，储蓄转化为投资的渠道和形式。三者之间相互作用、相互影响，共同决定资本形成的过程与结果。本书站在区域视角研究资本形成机制与效率，将主要围绕这三个要素展开。

2.2 资本形成与经济增长关系的研究综述

2.2.1 资本形成与经济增长的理论认识

西方的经济增长理论经过300多年的发展，逐渐从劳动决定论，经由资本决定论向技术决定论演进，经过了古典经济增长理论、现代经济增长理论至新经济理论的发展。本节将循着经济增长理论的演进过程回顾资本形成在经济增长中作用的理论认识。

17世纪中叶，在资本主义生产方式在西欧尚未最后确立的时候，古典经济学家就对它的经济增长方式进行了最初的探讨。古典政治经济学中首先对经济增长问题做出全面系统分析的是亚当·斯密。斯密特别强调一国资本积累对一国财富增长的重大意义。他认为，国民财富的增长取决于两个条件：一是专业分工促进劳动生产率的提高，二是从事生产性劳动人数的倍增。“很明显，要增加生产性劳动者的数目，必先增加资本，增加维持生产性劳动者的基金，要增加同数受雇劳动者的生产力，唯有增加那便利劳动、缩减劳动的机械和工具，或者把它们改良……但无论怎样，都有增加资本的必要。”❶ 李嘉图和斯密一样，也认为资本积累的扩大是国民财富增进的根本原因。他指出“国家财富的增加可以通过两种方式：一种是用更多的收入来维持生产性的劳动……；另一种是不增加任何劳动量，而使等量劳动的生产效率增大。”前一种方法要求社会纯收入中有更大比例用于再投资，从而增加社会资本存量；后一种方法要求改善各种要素的组合方式，使一定的投入有更大的产出，而这一点只能通过增大资本投入进行农业改良和机器运用才能做到。

19世纪30年代，工业革命在西欧各主要资本主义国家已经或即将完成，以蒸汽机为标志的大机器生产强有力地推动了社会生产力的进步。与之相联系，资本的积聚和集中也达到了空前的规模。一些西方学者据此认为，经济增长率最终取决于资本积累率，资本积累水平较之劳动要素投入对增长具有更大的影响。于是，西方关于经济增长的研究开始背离古典经济学的传统，逐渐走上了资本决定论的道路。

---

❶ 斯密：《国富论》（上卷），商务印书馆，1972年，5页。

萨伊指出，斯密关于价值是由人类劳动创造并表现人类劳动的观点是不正确的，任何财富和价值都是“归因于劳动、资本和自然力这三者的作用和协力”。马歇尔研究了劳动、资本、土地和组织四个生产要素的供给及其变动规律在经济增长中的作用。马克思也指出：“生产逐年扩大是由于两个原因：第一，由于投入生产的资本不断增长；第二，由于资本使用的效率不断提高。”资本投入量的增加，指的就是资本形成规模的扩大；而资本使用效率的提高，指的是资本形成质量的改善。这样，马克思事实上把经济发展过程直接同资本形成的数量与质量联系在一起了。

在现代经济增长理论中，哈罗德－多马模型是资本决定论的典型表达形式，尤其突出了资本形成对经济增长的作用。哈罗德－多马模型的假设条件可以概括为以下几点：（1）经济是单一部门，社会上只有一种产品。（2）两种生产要素：劳动和资本。（3）储蓄被假定为与国民收入成正比的函数：$S=sY$，式中，s 是平均和边际储蓄倾向，S 为储蓄，Y 为国民收入。（4）劳动力被假定按不变的外生增长率 n 变化；外生性假定的含义是劳动力的增长率完全不受经济系统中其他因素的影响。（5）技术进步 $A(t)$ 是哈罗德中性的，以外生不变的速度 m 变化，技术进步率就是劳动生产率，对资本存量 K 没有折旧。（6）生产函数是规模收益不变的固定要素投入比例生产函数：

$$Y = \min\left[\frac{K}{v},\frac{A(t)L}{u}\right] \tag{2-1}$$

式中，L 为劳动力投入；u 为劳动对总产出的比。

根据假设条件（6）知，资本产出比 v 为常数，K 和 Y 之间的关系可以写为：

$$K=vY \tag{2-2}$$

上式两边分别对时间求导数可得：

$$\dot{K}=v\dot{Y} \tag{2-3}$$

应用假设条件（5），由于不考虑资本存量 K 的折旧，所以投资等于资本存量的增量，即：

$$\dot{K}=I \tag{2-4}$$

根据国民经济均衡条件：储蓄 S 等于投资 I 和假设条件（3），可以得出：

$$\dot{K}=sY \tag{2-5}$$

比较式（2－3）和式（2－5）可得：

$$v\dot{Y}=sY \quad 或 \quad \dot{Y}/Y=s/v \tag{2-6}$$

于是国民收入的增长率为：

$$G=\frac{s}{v} \tag{2-7}$$

这就是哈罗德经济增长模型的基本方程式。哈罗德将式（2-7）决定的增长率看做是自明之理、必然正确的，是由实际储蓄率和实际资本产出比决定的，因此称为实际增长率。式（2-7）表明，在模型 $G=s/v$ 中，由于资本产出比率 v 被假定为是固定不变的，因此经济增长率 G 就唯一受制于储蓄率 s，而在储蓄全部转化为投资的模型假设条件下，储蓄率等于投资率，从而也就等于资本形成率。哈罗德提出的另一个增长率概念是有保证增长率，它是由储蓄率和合意的资本产出比率 v_t 决定的。关于合意资本产出比率，哈罗德用加速原理做出这样的解释：厂商为追加生产1单位产品需要追加的资本量。这样有保证的增长率为 $G_w=s/v_t$，每增加1单位产出需增加 v_t 个单位的投资，这一增长率将使企业家因投资正确而感到满意。最后，哈罗德提出了自然增长率的概念，自然增长率是由人口增长和技术进步所决定的最大经济增长率。即在充分就业条件下，由哈罗德中性技术进步决定的经济增长率 m，即 $G_n=m+n$。哈罗德认为，经济实现长期稳定增长的条件是以上三种增长率相等。

索洛在哈罗德-多马模型的基础上提出了新古典经济增长模型。他所使用的生产函数是规模收益不变的连续总体生产函数，技术进步是外生的，资本和劳动在竞争的市场上进行交易。生产函数的一般形式是：

$$Y=AK^{\alpha}L^{\beta}\quad(A>0,\ \alpha+\beta=1,\ \alpha>0,\ \beta>0) \tag{2-8}$$

式中，A 为参数；α 为资本所得在总产量中所占的份额；β 为劳动所得在总产量中所占的份额；K 和 L 分别为资本存量和劳动投入。

对式（2-8）两边取对数，得：

$$\ln Y=\ln A+\alpha\ln K+\beta\ln L \tag{2-9}$$

在式（2-9）的两边分别对时间 t 求导数，得到：

$$\frac{\dot{Y}}{Y}=\frac{\dot{A}}{A}+\alpha\frac{\dot{K}}{K}+\beta\frac{\dot{L}}{L} \tag{2-10}$$

分别用 y、k、l、a 表示增长率 $\frac{\dot{Y}}{Y}$、$\frac{\dot{K}}{K}$、$\frac{\dot{L}}{L}$、$\frac{\dot{A}}{A}$，简化式（2-10）得到：

$$y=a+\alpha k+\beta l \tag{2-11}$$

式（2-11）的含义是，经济增长率取决于资本和劳动的变化率乘以各自的贡献度，再加上技术进步的变化率。技术进步的变化率也就是索洛余值，即全要素生产率。对式（2-11）进行适当的变形，可以得到：$\beta(y-l)=a+\alpha k+\beta y-y=a+\alpha(k-y)$，即：

$$y-l=\frac{\alpha}{\beta}(k-y)+\frac{a}{\beta} \tag{2-12}$$

式（2-12）表明，人均产出的增长率是资本产出比率的增长率和全要素生产率增长率分别乘以它们的贡献度之和。由于贡献度通常不变，人均产出的增长率实际上就是资本产出比率的增长率和全要素生产率的增长率之和。很显然，全要素生产率不显著增长甚至下降的话，经济的增长就只能是通过不断提高资本产出比率的增长率实现粗放的外延型增长。

在发展经济学的阵营中，几乎所有的早期发展经济学家都在强调资本形成作用。纳克斯的“贫困恶性循环”理论认为，使不发达国家陷入贫困境地不能自拔的根本原因在于资本形成不足。从资本供给方面看，不发达国家人均实际收入低，储蓄率低，这意味着资本来源枯竭，资本形成率低，而低下的资本形成率又意味着资本形成不足，资本形成不足则使生产率难以提高，低下的生产率必然导致低下的人均实际收入，形成一个循环；从资本需求方面看，不发达国家人均实际收入低下，低收入意味着低的购买力，低购买力造成投资引诱不足，从而使资本形成不足，这又使得生产率难以提高，导致低下的人均实际收入，形成又一个循环。两个循环相互影响，使落后国家难以摆脱贫困。因此，在纳克斯眼中，资本形成不足是经济发展的瓶颈约束，“资本形成是开发落后国家经济的中心问题”。

在罗斯托的经济“起飞”理论中，一个国家实现经济起飞必须具备三个先决条件，其中第一个条件就是要将净投资率提高到10%以上。罗斯托甚至认为：“净投资率持续达到10%，等于换一种方式给起飞下定义，两者在根本上是同义语。”可见，罗斯托的经济起飞理论带有浓厚的资本色彩。

刘易斯的二元经济理论提出，落后国家的经济发展过程是一个农村剩余人口向城市工业部门不断转移的过程。而城市工业部门要能源源不断地吸收农村剩余人口，它就必须能够不断地自我扩张，这要求城市工业部门能够不断地增加其资本投入。这样，刘易斯实际上把经济发展过程理解为一个城市工业部门资本形成规模不断扩大、循环累积的过程。储蓄是资本形成的物质基础，而投资则使储蓄资源实际转变为社会资本存量。因此，在刘易斯看来，“经济发展的中心问题，就是要理解一个社会由原先储蓄和投资还不到国民收入的4%～5%转变为自愿储蓄达到国民收入的12%～15%以上这个过程。”“如果不能说明储蓄相对于国民收入增长的原因，也就不能说明任何工业革命。”刘易斯在比较劳动与资本对经济增长的贡献时认为：“辛勤劳动与资本形成是经济增长的一个绝妙公式，没有辛勤劳动的资本形成也会产生巨大的增长，而没有资本形成的辛勤劳动对发展做出的贡献则微不足道。”❶

卡莱茨基认为，那些发展不足的经济构成了经济学研究的一个特殊的课题，

---

❶ 刘易斯：《经济增长理论》，上海人民出版社，1994年。

这类经济中最为关键的问题是生产能力的短缺，而不是其利用不足（虽然利用不足的现象时有发生）。在他看来，充分就业的实现和生活标准的提高要求大规模的投资和资本形成，而投资与资本形成又会加快生产和国民收入的增长。这样，卡莱茨基也把资本形成问题摆在了他关于发展中国家经济研究的核心地位上。

此外，罗森斯坦·罗丹的“大推进”、莱宾斯坦的“临界最小努力”、纳尔逊的“低水平的均衡陷阱”等理论，也都从不同的视角强调了资本形成对于一国经济发展的关键作用。

2.2.2 资本形成与经济增长的实证分析

20 世纪 50 年代末，阿伯拉姆维茨和索洛运用生产函数理论，测算出在 21 世纪美国经济中人均产出增长的 80% ~90% 不能归因于人均资本的增加。此后，关于增长因素的实证分析进一步展开，并且分析结论因分析对象的不同而不同。

以发达国家为样本的增长要素分析倾向于证实阿伯拉姆维茨和索洛的发现，即资本形成与其他导致增长的变量相比，是相对不重要的。丹尼森和西蒙·库兹涅茨以不同的分析方法得出了相似的结论：资本形成不再是经济增长的主要源泉，知识进步才是经济增长最大的和最基本的原因。丹尼森根据其首创的多因素分析法，以 1929 ~1969 年美国经济增长为标本，测算各种要素的贡献率。他发现，劳动投入的增加能解释这一时期经济总增长的38.7%，知识进步能解释总增长的27%，而资本存量的扩大只能解释总增长的 14.7%，且从动态的变化趋势看，知识进步对经济增长越来越重要。库兹涅茨运用统计分析方法对英国等 7 个发达国家从 19 世纪下半期到 20 世纪上半期长达 100 余年的统计资料进行处理，认为尽管可以对统计分割作种种修正，并且单个国家间的结论明显不同，但结论是，劳动和资本积累的直接贡献很难超过人均产值增长率的 10%，甚至更少。剩下的大部分必须归于生产性资源的效率提高——1 单位投入的产出上升，或者资源质量的改进，或者由于改变其配置的影响，或者由于技术变动的影响，或者三者兼而有之。

对发展中国家经济增长因素的分析则倾向于揭示问题的另一方面：知识进步或全要素生产率的提高对于经济增长的重要性，在发展中国家要远低于发达国家，投资加速或者说资本形成量的扩大仍是促进发展中国家战后经济增长的最重要的因素。麦迪森研究了 1950 ~1965 年 22 个发展中国家和地区的经济增长，结果发现它们的年平均经济增长率为 5.55%，其中资本增长率为 3.06%，人力资源增长率为 1.94%，资源配置效率增长率为 0.55%，对经济增长率的贡献分别为 55%、35% 和 10%。各要素对增长的重要性具体到各个国家和地区，情形也大体如此，见表 2 -1。

表 2-1 1950~1965 年 22 个发展中国家和地区的经济增长因素分析 %

国家和地区	经济增长率	人力资源增长率	资本增长率	资源配置效率
阿根廷	3.20	1.05	2.8	-0.65
巴西	5.20	2.35	3.05	-0.2
斯里兰卡	3.60	1.60	2	-0.2
智利	4.00	1.50	2.45	0.5
哥伦比亚	4.70	1.80	2.9	-0.1
埃及	4.20	1.50	3	-0.3
希腊	6.40	1.30	2.85	2.25
印度	3.50	2.35	2.3	-1.2
以色列	10.70	3.20	5.6	1.9
马来西亚	3.50	2.08	1.8	-0.35
墨西哥	6.10	2.45	3.2	0.45
巴基斯坦	3.70	1.70	1.85	0.15
秘鲁	5.60	1.20	3.4	1
菲律宾	5.00	2.40	2.55	0.05
韩国	6.20	2.90	2.2	1.1
西班牙	7.50	1.20	3.8	2.5
中国台湾	8.50	1.70	3.5	3.3
泰国	6.30	2.70	3.4	0.2
土耳其	5.20	1.70	2.5	0.95
委内瑞拉	6.70	3.10	4.65	-1.05

1971 年罗宾逊发表的《欠发达国家的增长源泉》一文，进一步支持了麦迪森的研究结果。罗宾逊区分了增长的 4 个主要源泉（劳动的贡献、资本的贡献、从农业中转移资源的效应、外债的作用）和不可避免的剩余，以 1958~1966 年 39 个发展中国家和地区的经济增长数据为基础，进行截面数据研究，发现无论是在包括外债的方程中还是在不包括外债的方程中，资本的贡献都是最大的，而剩余的贡献均最小。

《1991 年世界发展报告》公布了世界银行专家的一份研究报告，该报告以世界范围的分析视野得出了与上述研究相一致的结论：资本形成和全要素生产率对于发展中国家和发达国家的经济增长具有不同的意义，不能相提并论。无论是哪一组别、哪一时期的发展中国家，其经济增长都主要是资本投入即资本形成增长的结果，而在发达国家，全要素生产率的提高是经济增长的主要源泉。

由此看来，全要素生产率提高的相对重要性的高低反映了经济发展所达到的不同阶段。在一个经济社会步入高收入的现代化阶段后，资本形成对于经济发展的贡献降低，全要素生产率或技术进步的贡献日趋上升；而对正处在努力实现工业化、现代化进程中的广大发展中国家而言，资本形成的贡献很大，全要素生产率或技术进步的贡献很小。这表明：资本形成是发展中国家经济发展的原动力。这一点联系到“那些现在认为是发达的经济，在历史上都曾经历过一个加速积累的艰苦时期”的事实，似乎更无可怀疑。美国经济学家钱纳里和斯莱里温森总结性地指出，看来发展中国家和发达国家的主要区别是，前者经济增长的主要原因是投入物的积聚（即资本形成），而不是其使用效率的提高。

考虑到全要素生产率或技术进步同资本形成的内在联系，即使对发达国家而言，资本形成的重要性也非常明显。以前低估资本形成作用、极力强调技术进步对经济增长贡献重要性的索洛，在 1987 年诺贝尔经济学奖授奖讲演中公开承认，西方许多经济增长因素分析模型忽略了“内含”机制，而缺少这种机制，预测便将明显地偏向不利于投资的方向。索洛所指的这种内含机制，即许多技术进步——也许技术进步的绝大部分，只有随着新的且不同的资本设备的使用才能被运用到实际生产过程中去。因此，总投资率决定了增加产出的有效创新的速度。这样，提高投资的政策不仅会带来较高的资本密集度，而且可导致新技术较快地向实际生产转移。可见，只要对经济增长因素分析技术作适当调整，发达国家经济增长中资本形成的重要性就会显著上升。

2.3 我国的资本形成与经济增长

很多学者对我国经济增长的因素进行了分析，尤其是运用全要素生产率的方法来估测我国经济增长的因素，研究更加有深度并贴近实际。

2.3.1 全要素生产率

全要素生产率也称综合要素生产率，即产出量与投入量之比，是西方经济学中流行的一个重要概念。投入量规定为生产要素的生产性服务，包括劳动、资本和土地三个生产要素在内。由于资本和土地都是“非劳动性生产因素”，因此一般将土地并归到资本中，把生产要素简化为劳动和资本两项，并将产出量和某一个特定的生产要素投入量之比，称作“部分要素生产率”。而部分要素生产率只能衡量一段时间内某一特定的投入量的节约，不能表示生产效率的全部变化。因此要衡量全部要素投入量的节约或衡量生产率的全部变化，就要把产出量和全部要素投入量之比联系起来。我们将产出量和全部要素投入量之比称为全要素生产率。

西方国家经济理论对全要素生产率的研究已经有 70 多年的历史。目前，这些国家已经形成了比较系统的全要素生产率理论。荷兰经济学家丁伯根于 1942

年发表了一篇著名论文，首次提出了全要素生产率，而且开创了比较研究不同国家全要素生产率的先例。在丁伯根提出的全要素生产率概念由于语言障碍而被理论界忽略的时间里，美国著名经济学家施蒂格勒于1947年独立地提出了全要素生产率，并对其进行了研究。他用边际产品加权实际资本投入和劳动资本投入以测度实际要素投入，在此基础上计算了美国制造业的全要素生产率。

20世纪50年代以来，研究全要素生产率的经济学家越来越多，许多著名的经济学家如索洛、肯德里克等在此期间都对全要素生产率理论的形成做出了重要贡献，并在20世纪60年代从理论研究转向了实际应用。肯德里克1961年发表了《美国的生产率趋势》，被理论界公认为第一部把全要素生产率的理论方法应用于实际解决问题的著作。他运用全要素生产率对美国的国民收入统计资料进行了历史分析，把国民收入的增长区分为投入量的增加和生产率的提高两大因素，进而分析各自对经济增长所作出的贡献。

之后，美国经济学家丹尼森分析比较了1909～1929年和1929～1969年两段时期内美国经济中全要素生产率的变化情况，对美国经济增长的因素展开了分析。同一时期索洛发展了传统的生产模型，提出了能够经济计量化的指数以及用替代弹性作为计量模型的估计参数。进入20世纪70年代，西方理论界对全要素生产率的研究由个人单独努力转向集体协作，政府也成立了专门的研究机构。世界银行也在其编撰的有关研究报告中，用全要素生产率测度各成员国有关经济活动的效率。我国学者关于全要素生产率的定量研究始于20世纪80年代，大致经历了三个阶段：第一阶段（1983～1986年）主要介绍、分析、评价国外的理论方法，并应用和改进这些理论方法；第二阶段（1987～1989年）侧重于对全要素生产率现有理论方法的评价和思考，以及全要素生产率定量测量方法的规范性问题；第三阶段（1990年以后）主要是进行方法重建以及将全要素生产率研究与其他问题协调研究。由于我国经济数据结构不能直接满足生产函数的需要和某些假设，所以大多数研究人员根据自己能够搜集到的资料和对数据的判断，得出了不同的结论。

2.3.2 我国经济增长因素的分析结果

利用上述全要素生产率估算经济增长因素的方法，我国的经济学者对我国的要素投入对经济增长的贡献和全要素生产率对经济增长的贡献得出了不同的结论。

根据沈坤荣的计算，在1953～1994年间我国经济增长的年平均速度为7.07%，其中资本投入的贡献为3.59%，劳动投入的贡献为1.57%，经济增长的73.03%是由生产要素投入的增加带来的，而全要素生产率仅有1.91%，对经济增长的贡献份额为26.97%。在要素投入的份额中，资本投入的贡献占有主导地位，为50.78%。[1] 因此，我国在1953～1994年的经济增长主要依靠资本投入的增加。全要素生产率增长的贡献十分有限，不到1/3。而且，从全要素生产率的时间序列来看，虽然有不断增长的趋势，但波动较大，并且具有明显的阶段特征。

张军认为在1953～1998年间的全要素生产率增长率大约为1.07%，改革前的1953～1978年间全要素生产率增长率大约为0.4%，对产出增长的贡献为大约6.8%。改革后的1978～1998年间全要素生产率增长率则上升到大约2.81%，对产出增长的贡献也上升到了大约31%，但在1992年以后又出现了递减趋势。全要素生产率对经济增长的贡献在改革后不断上升，但增长率不断下降[2]。

根据武剑的计算，全要素生产率对经济增长的贡献在1979～1988年间为43.3%，在1989～1998年间为38.5%，在1999～2010年间为35.1%，2011～2020年间为34.3%。武剑利用动态递推模型计算表明，在1952～1978年间资本要素对经济增长的贡献为48%，而改革后的1978～1988年间这一数字上升到50.2%，1989～1998年间更上升到56.3%。而且根据模型推测，2010年我国资本投入的贡献份额将达到60%以上。[3]

已有的研究结果表明，我国资本要素对经济增长的贡献还将在今后很长一段时间内持续。事实上，经济增长中无论是技术的进步还是劳动力的投入，都离不开资本的积累与形成，资本积累是我国经济增长的主要推动力量。正是基于我国经济增长的这样一个背景，本书选取河北省与江苏省作为案例，来比较两省资本形成机制与效率的差异，并试图揭示两省经济增长差异的根源。

---

[1] 沈坤荣：《体制转型期的中国经济增长》，南京大学出版社，1999年。

[2] 张军：《增长、资本形成与技术选择：解释中国经济增长下降的长期因素》，《经济学》（季刊），2002年。

[3] 武剑：《货币政策与经济增长——中国货币政策发展取向研究》，上海人民出版社，2000年。

3 区域视野下的储蓄机制

3.1 储蓄的理论思想

资本的形成源于储蓄形成于投资，储蓄的形成和转化就成为关键。一般而言，企业和政府是社会投资的主体，它们投资时首先考虑自有资金（内源融资），因为自我积累能力和投资需求之间往往存在很大的缺口，所以主要依赖于外源融资，而居民储蓄则成为其外源融资的主要来源。这对于发展中国家来说更是如此。因为居民部门的储蓄在国民储蓄中占有很大的比例，又是净储蓄主体，居民储蓄便成为资本形成中的关键因素。本章对两省储蓄的比较就主要是针对居民储蓄，下面不再另作解释。

影响和决定居民个人或家庭储蓄的因素众多，居民储蓄和消费、投资、利润等众多经济变量有着错综复杂的关系。因此将居民储蓄作为储蓄理论研究的对象，出现了众多有关居民储蓄行为的理论学说。其中，以新古典学派的利率决定论和凯恩斯等人的收入决定论最具有影响。在新古典经济学家看来，储蓄对利率变化极其敏感，利息率是影响储蓄供给最重要的因素，即“只要人类本性和现在一样，利率每有下降，就会使更多的人比利率高时储蓄较少”，而“利率的上升增加储蓄的愿望，差不多是普遍的法则”。[1] 然而，现代经济学家则认为储蓄不是利率的函数，而主要表现为收入的函数。凯恩斯的绝对收入假说、杜森贝里的相对收入假说、弗里德曼的持久收入假说以及莫迪利亚尼的生命周期假说，都浸润了这一基本认识。

（1）凯恩斯的绝对收入假说。凯恩斯的绝对收入假说首先将收入、消费和储蓄联系起来进行分析，他把影响人们储蓄行为的众多因素分为主观因素和客观因素两大类，其中认为绝对收入对储蓄倾向和消费倾向的影响最大。[2] 他在一定

---

[1] 马歇尔：《经济学原理》（上卷），商务印书馆，1981 年，251、252 页。

[2] 凯恩斯：《就业、利息和货币通论》，商务印书馆，1964 年，94 页。

分析假设的基础上，认为消费取决于现期绝对收入水平，基本的消费函数为：

$$C_t = \overline{C} + cY_t$$

式中，C_t 为现期消费；$\overline{C}$为自主性消费；c 为边际消费倾向 MPC；Y_t 为现期收入。消费函数的两边同时除以 Y_t，就得到了平均消费倾向 $APC = \overline{C}/Y_t + c$。从中可以看出，随着现期绝对收入水平的增加，平均消费倾向是逐步降低的，即平均储蓄倾向会逐步上升。凯恩斯给出的解释是：由于在短期内收入变动较小或基本不发生变动，储蓄倾向、消费倾向也就表现出一定的稳定性；在长期里，随收入的增长，消费支出绝对量也会增长，但消费支出的增长幅度小于收入增长的幅度，从而存在边际消费倾向递减或边际储蓄倾向递增规律。

（2）杜森贝里的相对收入假说。美国经济学家杜森贝里对绝对收入理论进行了修正，提出相对收入假说。修正主要表现在两个方面：

第一，凯恩斯的消费者独立于其他消费者而不受他人消费行为的影响，杜森贝里认为应该修正。他认为人的需求是通过消费不同质量和数量商品得到满足的。在现代社会里，人通过消费来维护自己在社会中的自尊，较高的社会地位通常是通过高收入和高消费水平来体现的。因此，一个家庭如果其收入保持不变，而其他家庭收入相对提高的话，该家庭相对于其他家庭的收入地位就有了变化，这种变化将导致该家庭的边际消费倾向提高，增加消费而减少储蓄。

第二，凯恩斯认为消费支出随着收入的增加或减少而等幅度地上下波动，杜森贝里则认为，消费不仅取决于现期绝对收入水平，而且还取决于人们的相对收入水平。他指出消费行为通常不是一种理性计划的结果，而是由生理需要、社会需要、模仿及经历等多种因素作用而形成的消费习惯。在过去较高的收入和消费水平上形成的消费习惯，对将来的消费会产生较大的影响，且消费习惯形成易向上调整而难于向下调整，在短期内，消费是不可逆转的。因此，收入在短期内的下降并不会使消费立即减少，而是使储蓄减少。这种短期内消费的不可逆性称作为“棘轮效应”，他说明消费者当前的平均消费倾向不仅与收入有关，且与过去曾达到过的最高消费水平（最高收入水平）有关。

在相对收入消费理论的基础上，杜森贝里讨论了储蓄率的决定问题。他认为在长期里，储蓄倾向是相对稳定的，储蓄率通常不受长期因素的影响，而是受短期因素的影响。

（3）弗里德曼的持久收入假说。绝对收入假说和相对收入假说理论中收入变量的内涵是现行收入，货币学派代表人物弗里德曼则以“持久收入”概念取而代之。他认为，人们在计划自己的消费水平时，并不是完全依据其短期的实际收入，而是将消费与持久的、长期的收入联系在一起。短期的可支配收入受许多偶然因素的影响，是一个经常变动的量，人们的消费不会随它的波动而经常变动，消费者为了实现自己的效用最大化，实际上是根据他们在长期中能保持的收入水平来进行消费的。因此，弗里德曼把人们的收入分成两部分，一部分是可预料到的、带有规律性的持久收入，另一部分是非连续性的、不规律的暂时收入。与两种不同的收入相对应，他将消费分为持久消费和暂时消费。一般地，持久消费由持久收入决定，暂时消费由暂时收入决定。由于人们对持久收入很难做出区分，弗里德曼指出，人们对收入的增加是否持久的预期取决于过去收入的变动情况，即根据过去的经验修改对未来的预期，于是持久收入就是现期收入和前期收入的加权平均数。当现期收入增加时，人们无法确定这种收入的增加能否长期维持，也就不能据此调整消费。但如果下一期的收入仍像上一期那样增加，那么，人们在下一期就要充分根据较高的收入水平来调整消费支出。这样就能解释收入不稳定的人其短期边际储蓄倾向较高，收入较稳定的人其短期边际储蓄倾向较低。

（4）莫迪利亚尼的生命周期假说。美国经济学家莫迪利亚尼发展了一种新的储蓄理论——生命周期假说。他从个人消费行为的研究出发，提出每个理性的消费者为实现效用最大化，将根据自己一生中的全部预期收入来安排他的消费支出。各个家庭在每一时点的消费与储蓄决策都反映了该家庭谋求在其生命周期内达到消费的理想分布的企图，而各个家庭的消费受制于该家庭在整个生命周期内所获得的总收入。这样，消费不是取决于现期消费，而是取决于一生的收入。根据这种消费理论，每个家庭总是把其一生的全部收入在消费上做最佳分配而进行跨期平滑，根据一生的收入水平来安排消费和储蓄，于是现期收入的变动对消费的影响甚微。生命周期理论说明，如果人的预期寿命延长，平滑消费的后果是家庭将要在工作期间更多地储蓄，以便退休之后的消费水平不至于下降。短期的可支配收入由于受许多偶然因素的影响，人们的消费不会随它的变动而变动。

莫迪利亚尼认为，就全社会来看，在某一时期内，既存在大量就业人口也存在一定的退休人口。一般来讲，就业人口进行正储蓄，退休人口进行负储蓄，因此社会总储蓄取决于就业人口和退休人口的数量以及就业人口的收入增长速度。如果就业人口为将来进行储蓄超过退休人口当前的负储蓄，则整个社会的储蓄总额将增长。

（5）流动性约束理论。流动性约束是指预期高收入时，不能通过借款来平滑当前消费的现象。流动性约束理论认为流动性约束对消费的许多方面具有潜在的重要性，它可能导致消费对收入变动的过度敏感性。当预期收入增加时，人们的消费会迅速增加。而当预期收入减少时，人们的消费不会迅速减少。个人在借钱时如果面临高利率，则当他们现有资源较少时，会选择不借钱以平滑消费。而如果根本就借不到钱时，则他们只有以现有的较少资源进行低消费。因此，流动性约束使得当期收入对消费的重要性比持久性收入预言的要大。

流动性约束能从两个方面提高储蓄：一方面流动性约束较紧时会使个人消费

减少，储蓄提高；另一方面即使流动性约束在当期不是紧约束，但在未来必须遵从流动性约束这一事实也会减少当前消费，促使个人进行储蓄，以此作为对收入下降的保险。

3.2 我国居民储蓄分析

储蓄代表着可用于投资的实际资源，只有增加储蓄才能扩大投资，进而为经济增长提供物质基础。储蓄率与经济增长率之间具有很高的相关度，储蓄率较高的国家一般是经济增长较快的国家，储蓄率较低的国家同时也是经济增长较慢的国家❶（见表3－1）。我国作为发展中国家，储蓄不足是制约经济增长的一个普遍因素。储蓄规模一般受到收入水平的制约，多数发展中国家由于人均收入水平较低，因而储蓄率也较低，于是经济落入纳克斯的"增长陷阱"。

表3－1 储蓄与经济增长 %

国家	时期	储蓄率	经济增长率
日本	1950～1970年	34.3	9.5
	1970～1980年	31.1	8.2
德国	1950～1970年	27.0	7.7
	1970～1980年	25.8	5.1
美国	1950～1970年	17.2	2.8
	1970～1980年	18.2	3.6
意大利	1950～1970年	24.0	6.0
	1970～1980年	24.7	4.8
法国	1950～1970年	20.5	4.2
	1970～1980年	21.7	4.6
英国	1950～1970年	18.1	3.3
	1970～1980年	19.1	3.6

现代经济学已经形成一个基本观点，即储蓄主要是收入的函数。不同的储蓄理论从短期和长期的分析都证明收入水平及其增长是决定储蓄水平和储蓄增长的主要因素。除此之外，还存在许多其他因素影响储蓄的规模与结构。在某些特定国家的特殊时期，非收入因素对储蓄的影响还可能占据主导地位。这些非收入因素主要包括公众预期稳定性、社会福利制度、收入分配、人口数量和结构等。

莫迪利亚尼（1990）对85个发展中国家私人储蓄率与人均收入增长和人均收入水平关系进行研究，发现当人均收入水平（国民收入）超过1650美元时，

❶ 武剑：《货币政策与经济增长——中国货币政策发展取向研究》，上海人民出版社，2000年。

人均收入对储蓄率的影响不显著；当人均收入水平下降，低于1650美元时，影响明显上升；同时，收入增长率对储蓄率的影响参数依照1650美元以上和以下分别为2.2和1.33，说明收入增长率对储蓄率的影响随收入水平提高而增加[1]。

我国改革开放以来，居民收入高速增长与储蓄高速增长相伴随，表现出了高度的正相关性。李焰（1997）[2]从理论角度分析了储蓄率与收入增长率之间的关系，在剔除强制储蓄可能导致的高储蓄因素以后，通过实证模型的建立、检验和分析，认为人均收入水平越高，绝对收入水平对储蓄率的影响力就越低。无疑，我国居民收入的高速增长，使得生命周期理论的解释更加适用。李焰在肯定了1979年以后我国居民收入增长对储蓄率变化有重要决定作用后，又进一步探索了收入增长源中各因素——人口增长与劳动生产率增长对储蓄率变化的贡献程度，以确定对储蓄率起主要作用的增长源。分析结果发现，人口增长与劳动生产率对储蓄率的影响都不能得到很好的解释，这证明了我国的经济增长主要还是靠投入量的增加，是外延型的增长。李焰总体分析的最终结论是：绝对收入水平是决定我国居民储蓄的重要因素，但这一因素正在随居民收入水平的提高而逐渐让位于收入增长率。

武剑对我国居民储蓄进行了计量分析，样本区间为1978～1997年，选取的解释变量是居民收入、名义利率、通货膨胀率、经济的货币化程度、预期的不稳定性、资本市场的发展程度以及基尼系数。计量分析的结果显示，7个解释变量中3个纯经济指标（收入、利率、通货膨胀率）对储蓄增加的贡献度为45.2%，而其他4个制度性变量的贡献度总和为54.8%。这也表明，在我国经济转轨过程中，制度因素的作用往往更加突出。但随着改革的不断深入，制度性因素的影响力会不断减弱，经济变量的影响会增加。就各个推动居民储蓄增长的因素而言，其贡献度由大到小依次为社会预期的不稳定性（32.3%）、实际利率（26.6%）、居民收入增长（18.6%）、经济货币化进程（9.2%）、资本市场发展（7.2%）和社会贫富差距（6.1%）。社会预期的不稳定源于制度转轨的不确定性，社会保障制度的落后使人们普遍感到风险较大，从而以储蓄的方式来预防风险。经济货币化、资本市场发展以及社会贫富差距加大等制度性因素在转轨期间还会持续一段时间，对国内储蓄率的支撑作用将变得越来越重要。

我国经济体制改革过程中，生产力的解放和经济决策权的分散使国民收入发生了显著变化，国民收入的规模快速增大。魏杰、沈坤荣（1995）[3]运用计量分析方法考查了国民收入的规模变化对居民储蓄的影响，得出每增加一元可支配收

---

[1] Modigliani：《The Recent Decline in the Savings Rate：A Life Cycle Perspective》，Revista di politica Economic，December，1990年。

[2] 李焰：《中国居民储蓄行为研究》，中国金融出版社，1999年。

[3] 魏杰，沈坤荣：《居民储蓄分析》，经济科学出版社，1995年。

入就可增加0.2823元的居民储蓄的结论，并在此基础上进一步分析了城乡居民这两个不同群体对储蓄的影响。在收入一定的条件下，城市与农村居民之间在储蓄量、储蓄方式、储蓄动机等方面存在着很大的差别，这也造成了居民储蓄的城乡差距。仅就储蓄存款而言，农村居民收入中有很大一部分是非货币收入，其储蓄形式多为实物资产（粮食、住房、农具等），即使剩有货币收入也多以手持现金方式体现，存款较少，故而会造成城乡储蓄存款量上的差别。再者，我国金融深化基本是在城市，城市居民的金融资产已呈现多样化。农村只有信用社存款，除此之外的金融储蓄就是现金，比较单一。农村居民社会保障相对缺乏，预期支出多，加上住房的自给性，都会减少农村居民的储蓄。阮慧敏（2006）将影响居民储蓄的因素纳入多元回归模型，选取1978~2004年为样本区间，通过计量检验得出结论：居民收入是影响居民储蓄的主要决定性因素，名义利率、通货膨胀率因为转轨时期制度的不稳定变化性而对居民储蓄产生较弱的影响。制度性变量则因其高风险影响人们的未来预期而对居民预防性储蓄产生一定的刺激。

虽然很多学者对我国居民储蓄分析的侧重各有不同，但结论都验证了绝对收入是影响居民储蓄的重要因素，收入的增长率、城乡经济差异、社会保障制度等对储蓄率也产生积极的影响。下面对河北与江苏两省居民储蓄的比较，就根据我国总体储蓄率的影响因素来设置可比的指标展开分析。

3.3 两省居民储蓄的比较

学术界研究的一般结论显示，影响我国居民储蓄的主要因素是绝对收入水平（包括人均收入）、收入增长率和居民的储蓄倾向。本节就将这几个方面作为可比指标展开分析。

3.3.1 绝对收入水平

根据《河北经济年鉴》和《江苏统计年鉴》的统计数据，我们将两省GDP的数据编制成表3-2。

表3-2 两省GDP和人均收入比较

年份	GDP/亿元		人均GDP/元		人均收入/元	
	江苏省	河北省	江苏省	河北省	江苏省	河北省
1990	1416.5	896.33	2109	1465	1009.05	733.13
1991	1601.38	1072.07	2353	1727	1083.86	778.29
1992	2136.02	1278.5	3106	2040	1317.15	848.02
1993	2998.16	1690.84	4321	2682	1628.99	1022.41
1994	4057.39	2187.49	5801	3439	2312.61	1414.57
1995	5155.25	2849.52	7319	4444	3051.34	2011.12

续表 3-2

年份	GDP/亿元		人均 GDP/元		人均收入/元	
	江苏省	河北省	江苏省	河北省	江苏省	河北省
1996	6004.21	3452.97	8471	5345	3618.29	2476.49
1997	6680.34	3953.78	9371	6079	4014.76	2773.03
1998	7199.95	4256.01	10049	6501	4208.91	2903.74
1999	7697.82	4514.19	10695	6849	4558.15	2996.24
2000	8553.69	5043.96	11765	7592	4925.08	3102.54
2001	9456.84	5516.76	12882	8251	5314.34	3291.55
2002	10606.85	6018.28	14396	8960	5865.35	3537.24
2003	12442.87	6921.29	16830	10251	6588.72	4025.39
2004	15003.6	8477.63	20223	12487	7513.75	4510.92
2005	18305.66	10096.11	24560	14782	8832.71	5134.93
2006	21742.05	11467.60	28526	16682	21060.9	14689
2007	26018.48	13607.32	33837	19662	24247.5	16629.4
2008	30981.98	16011.97	40014	22986	27532.1	18936.9
2009	34457.30	17235.48	44253	24581	30498.4	20825.5
2010	41425.48	20394.26	52840	28668	34233.6	23292.4
2011	49110.27	24515.76	62290	33969	39777	26711.6
2012	54058.22	26575.01	68347	36584	44721.1	29980.8
2013	59161.75	28301.41	74607	38716	48728.8	33244.8

从表 3-2 中的数据可以直观地看到，无论是地区 GDP 的总量，还是人均 GDP 值，江苏省明显地高于河北省。样本区间开始，江苏省 GDP 值为 1416 亿元，而河北省只有 896.33 亿元，二者相差 520.17 亿元。如果说这个差距是比较大的话，我们进一步把所有年份的差计算出来编制成表 3-3，并绘制成图 3-1，从中可以看到两省的 GDP 差距越来越大。到 2013 年，两省 GDP 的差距缺口已经达到 30860.34 亿元。

表 3-3 两省历年 GDP 之差 亿元

年 份	1990	1991	1992	1993	1994	1995
GDP 之差	520.17	529.31	857.52	1307.32	1869.9	2305.73
年 份	1996	1997	1998	1999	2000	2001
GDP 之差	2551.24	2726.56	2943.94	3183.63	3509.73	3940.08
年 份	2002	2003	2004	2005	2006	2007
GDP 之差	4588.57	5521.58	6525.97	8209.55	10274.45	12411.16
年 份	2008	2009	2010	2011	2012	2013
GDP 之差	14970.01	17221.82	21031.22	24594.51	27483.21	30860.34

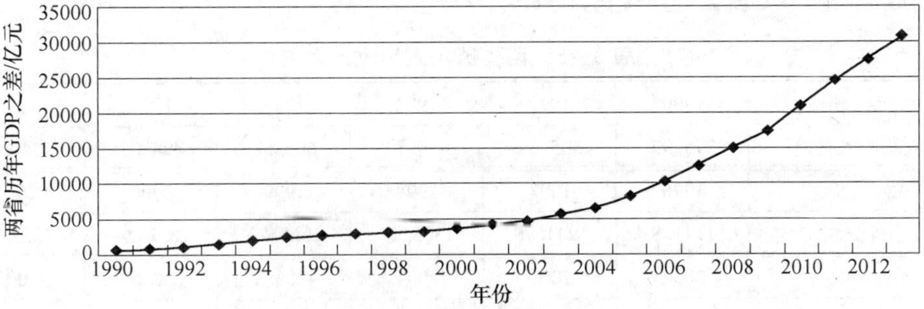

图 3－1 两省 GDP 的比较

图 3－1 显示，1992～1996 年和 1999 年之后这两个阶段，两省的差距明显拉大，尤其是 1999 年之后。两省 GDP 差距的扩大，表明在经济发展的道路上，两省的发展速度存在较大差异。或者说，在相同的宏观经济背景下，江苏省经济增长相对于河北省呈现高速发展的态势。为了更进一步剔除人口规模的影响而使得两省具有可比性，我们对两省的人均 GDP 进行比较，为此计算出人均 GDP 的差值编制成表 3－4，结果也显示出较大差距。

表 3－4 两省历年人均 GDP 之差 元

年 份	1990	1991	1992	1993	1994	1995
人均 GDP 之差	644	626	1066	1639	2362	2875
年 份	1996	1997	1998	1999	2000	2001
人均 GDP 之差	3126	3292	3548	3846	4173	4631
年 份	2002	2003	2004	2005	2006	2007
人均 GDP 之差	5436	6579	7736	9778	11844	14175
年 份	2008	2009	2010	2011	2012	2013
人均 GDP 之差	17028	19672	24172	28321	31763	15484

两省 GDP 和人均 GDP 的数据比较，基本反映出了江苏省经济发展相对于河北省的高速度，并且还有差距不断扩大的趋势。事实上，江苏省经济发展由于在 20 世纪 80 年代后期就奠定了良好的基础，已经积累了厚实的基数，因此即使增速稍高于河北省，人均 GDP 就会出现较大增长。所以，近些年表现出的人均 GDP 差距扩大趋势，就有了很好的解释。于是一个显然的结论，那就是江苏省快速的经济增长和积累的较高 GDP 水平为其储蓄资源的动员提供了充足的来源。

从表 3－2 还可以观察到，就人均收入水平来看，河北省远远落后于江苏省，这与两省人均 GDP 的相对差距是基本相似的。1990 年河北省的人均收入为 733.13 元，而江苏省的人均收入则为 1009.05 元，二者之间存在 275.92 元的差值。之后二者的差值呈不断扩大趋势，到 2013 年扩大为 15484 元。根据表 3－5

绘制成的图 3 -2 就是这一趋势的直观反映。

表 3 -5 两省历年人均收入之差 元

年 份	1990	1991	1992	1993	1994	1995
人均收入之差	275. 92	305. 57	469. 13	606. 58	898. 05	1040. 22
年 份	1996	1997	1998	1999	2000	2001
人均收入之差	1141. 8	1241. 73	1305. 17	1561. 91	1822. 54	2022. 79
年 份	2002	2003	2004	2005	2006	2007
人均收入之差	2328. 11	2563. 33	3002. 83	3697. 79	6371. 9	7618. 1
年 份	2008	2009	2010	2011	2012	2013
人均收入之差	8595. 2	9672. 9	10941. 2	13065. 4	14740. 3	15484

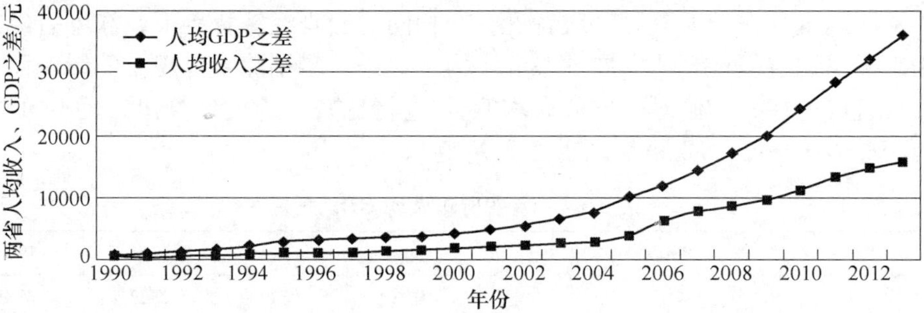

图 3 -2 两省人均收入、人均 GDP 之差

显然，图 3 -2 中两条曲线呈现趋势一致的走向，并具有高度的同步性。只是人均收入的差值要比人均 GDP 的差值小得多，并且二者之间的差距在样本区间内呈逐步扩大的趋势。这表明，在两省经济发展过程中，居民人均收入的差距一直在扩大，但扩大的幅度远不及人均 GDP 的扩大幅度。人均收入的增长赶不上人均 GDP 的增长，隐藏着一个严重的分配不均问题，很有可能形成居民储蓄量的增长不及政府和企业的储蓄量。根据经济学基本原理，生产结构决定分配结构，资本所有者的投资越多，其所得也越来越高。在投资驱动的国家经济增长模式下，国家和企业的收入越来越多，而国民的收入反而相对越来越少，也就是说国民并没有充分享受到经济增长所带来的福利。恰恰由于这种分配不均衡，再加上社保体系不健全、住户部门消费倾向总体偏低、政府和国有部门可支配收入占比高且两级政府大量参与投资活动，政府储蓄与企业储蓄越来越占据储蓄总额的主要部分，一改通常人们认为的国民储蓄中居民储蓄为首的认识。吴敬琏曾表示，“从 1992 ~2012 年这 20 年时间，我国国民储蓄率从 35% 升到了 50% 多。其中居民储蓄没有变，20 年间占 GDP 比例基本上保持在 20% 左右；而政府储蓄从 4. 4% 升到了 9% ，企业储蓄也翻了一番，企业储蓄主要则是国企储蓄。”居民储

蓄的相对下降，引起消费严重不足，同时这些储蓄又大量通过银行被国有经济投资使用，储蓄结构更加失衡。关于储蓄更具体的分析，见3.4节。

同时，相对于河北省，江苏省人均GDP的快速增长并没有引起居民人均收入相同程度的增长。事实上，即使河北省的人均收入增幅大于江苏省的增幅，因为发展的基数规模较小，也很难引起较大数量的人均收入值的提升，更何况江苏省的增长速度大多数年份里都高于河北省。这样的增长结果，显而易见只能使得两省的差距越来越大。

如果更深入一步分析的话，必须要考虑城乡差距在两省居民人均收入中产生的影响。根据《河北经济年鉴》和《江苏统计年鉴》提供的数据，编制表3－6。

表3－6 两省农村和城镇居民人均收入 元

年份	河北省城镇居民人均可支配收入	河北省农村人均纯收入	江苏省城镇居民可支配收入	江苏省农村人均纯收入
1990	1397.35	621.67	1464	884
1991	1489.32	657.38	1623	921
1992	1763.4	682.48	2138	1061
1993	2201.04	803.8	2774	1267
1994	3007.68	1107.25	3779	1832
1995	3674.16	1668.73	4634	2457
1996	4429.66	2054.95	5186	3029
1997	4958.67	2286.01	5765	3270
1998	5084.64	2405.32	6018	3377
1999	5365.03	2441.5	6538	3495
2000	5661.16	2478.86	6800	3595
2001	5984.82	2603.6	7375	3785
2002	6678.73	2685.16	8178	3996
2003	7239.12	2853.29	9263	4239
2004	7951.31	3171.06	10482	4754
2005	9107.09	3481.64	12319	5276
2006	10304.56	3801.82	14084	5813
2007	11690.50	4293.43	16378	6561
2008	13441.10	4795.46	18680	7357
2009	14718.30	5149.67	20552	8004
2010	16263.40	5957.98	22944	9118
2011	18292.20	7119.69	26341	10805
2012	20543.40	8081.4	29677	12202
2013	22580.30	9101.9	32537.50	13597.80

从表3－6的数据可以看出，就收入水平来讲，无论是城镇居民还是农村居民家庭，江苏省的人均收入水平都远高于河北省，这也反映了江苏省居民家庭人均收入整体水平较高的事实。表3－7反映的是人均收入按城乡结构的差距值，这便于我们从结构上看到人均收入的差距。

表3－7　两省农村和城镇居民人均收入差距值　　元

年　份	城镇居民可支配收入差距	农村居民人均纯收入差距	全省人均收入差距
1990	66.65	262.33	275.92
1991	133.68	263.62	305.57
1992	374.6	378.52	469.13
1993	572.96	463.2	606.58
1994	771.32	724.75	898.04
1995	959.84	788.27	1040.22
1996	756.34	974.05	1141.8
1997	806.33	983.99	1241.73
1998	933.36	971.68	1305.17
1999	1172.97	1053.5	1561.91
2000	1138.84	1116.14	1822.54
2001	1390.18	1181.4	2022.79
2002	1499.27	1310.84	2328.11
2003	2023.88	1385.71	2563.33
2004	2530.69	1582.94	3002.83
2005	3211.91	1794.36	3697.78
2006	3779.44	2011.18	6371.9
2007	4687.5	2267.57	7618.1
2008	5238.9	2561.54	8595.2
2009	5833.7	2854.33	9672.9
2010	6680.6	3160.02	10941.2
2011	8048.8	3685.31	13065.4
2012	9133.6	4120.6	14740.3
2013	9957.2	4495.9	15484

为对两省城镇居民人均收入水平的差距和农村居民人均收入水平的差距之间的变化做出比较分析，我们绘制图3－3。

很显然，图3－3中呈现出两条曲线的三次交叉变化。第一次交叉是在1992年，之前的两年，城镇的居民人均可支配收入差距要小于农村的，但趋向于接近，到1992年基本相同，出现一次交叉。1993年城镇居民的人均收入差距开始高于农村，但一直没有出现太大的差距。1996年城镇居民的人均收入差距出现

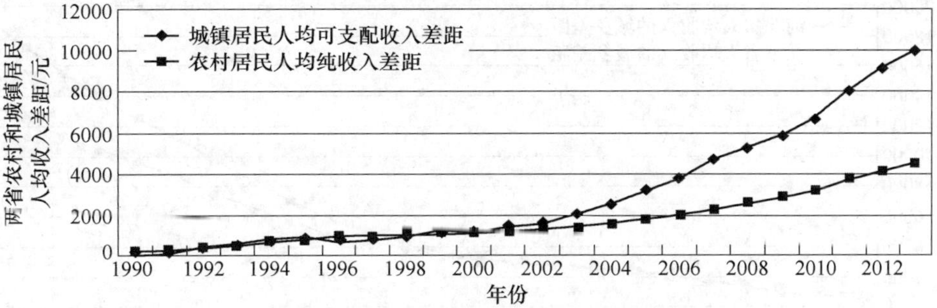

图3-3 两省人均收入的结构差距

下降，差距值为756.34元，而农村居民家庭的人均收入差距值却还在上升，并且达到974.05元，伴随着第二次交叉的出现，城镇居民人均收入差距值又低于了农村。第三次交叉出现在1999年，该年城镇居民人均收入差距值达到1172.97元，超过了农村的1053.5元。此后的变化趋势就非常明朗，城镇居民人均可支配收入一直高于农村，并且在2002年以后城镇表现出比农村更高的差距值。截止到2013年为止两省农村居民收入差为4495.9元，而城镇居民人均收入差值已经达到9957.2元。因为城镇居民和农村居民在收入水平、生活习俗、消费观念、社会保障、储蓄渠道上存在很大差异，所以会形成不同的储蓄倾向，影响全省的整体储蓄水平。

再根据表3-7做表3-8并绘成图3-4，比较两省人均收入的城乡差距，从另一面揭示两省城市化水平的差异可能带来的对储蓄的影响。

表3-8 人均收入城乡差距的两省比较 元

年份	河北省人均收入的城乡差距	江苏省人均收入的城乡差距	年份	河北省人均收入的城乡差距	江苏省人均收入的城乡差距
1990	775.68	580	2002	3993.57	4182
1991	831.94	702	2003	4385.83	5024
1992	1080.92	1077	2004	4780.25	5728
1993	1397.24	1507	2005	5625.45	7043
1994	1900.43	1947	2006	6502.74	8271
1995	2005.43	2177	2007	7397.07	9817
1996	2374.71	2157	2008	8645.64	11323
1997	2672.66	2495	2009	9568.63	12548
1998	2679.32	2641	2010	10305.42	13826
1999	2923.53	3043	2011	11172.51	15536
2000	3182.3	3205	2012	12462	17475
2001	3381.22	3590	2013	13478.4	18939.7

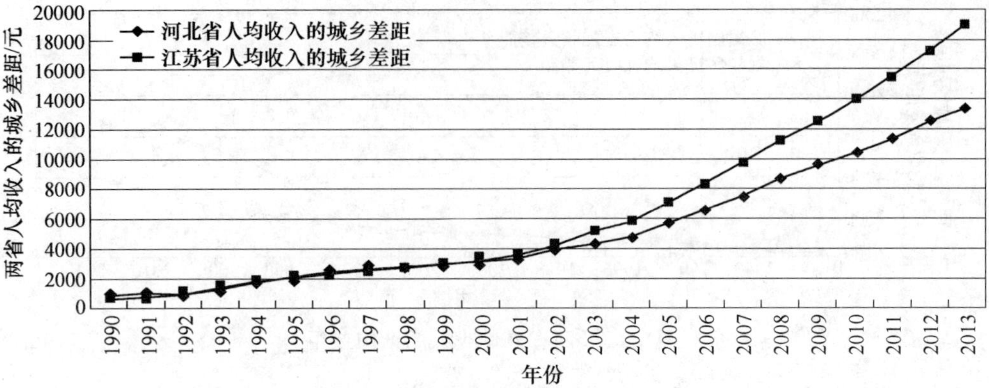

图3-4　两省人均收入的城乡差距

表3-8的数据和图3-4显示出，在整个时间序列里河北省人均收入的城乡差距都要比江苏省的高，最突出的特点是2002年以后两省的城乡差距迅速拉大。截止到2013年为止两省人均收入的城乡差距为5461.3元（18939.7-13478.4）。这反映出的是两省不同的城市化水平，其影响必将体现在两省储蓄的城乡差距上。

一般的，城乡居民收入差距的形成离不开城市化水平的影响，不同的城市化水平，对人均储蓄额的影响会有所不同。城市化是指人口向城市地区集中和农村地区转变为城市地区的过程。衡量人口的城市化水平可以从不同角度展开，根据已有研究成果，本章研究选取人口城市化指标（城镇人口比例）和经济城市化指标（第一产业产值比例、第二产业产值比例、第三产业产值比例）来测度两省城市化水平，见表3-9和表3-10。

表3-9　两省城市化水平比较（城市人口/总人口）　　%

年份	河北省城市化率	江苏省城市化率	年份	河北省城市化率	江苏省城市化率
1990	14.37	21.56	2002	21.34	44.70
1991	14.53	23.20	2003	26.72	46.77
1992	15.31	23.78	2004	28.03	48.18
1993	16.17	24.02	2005	29.39	50.50
1994	17.07	24.68	2006	38.76	51.89
1995	17.75	27.30	2007	40.26	53.20
1996	18.22	27.32	2008	41.91	54.30
1997	18.60	29.85	2009	43.74	55.60
1998	18.97	31.50	2010	44.50	60.58
1999	19.60	34.94	2011	45.60	61.89
2000	20.35	41.50	2012	46.80	63.01
2001	20.35	42.60	2013	48.11	64.11

表 3－10 两省城市化水平比较 %

年份	河北省			江苏省		
	第一产业占GDP的比重	第二产业占GDP的比重	第三产业占GDP的比重	第一产业占GDP的比重	第二产业占GDP的比重	第三产业占GDP的比重
1990	25.43	43.23	31.34	25.10	48.90	26.03
1991	22.10	42.90	35.00	21.50	49.60	28.90
1992	20.11	44.83	35.10	18.44	52.40	29.20
1993	17.84	50.15	32.01	16.40	53.30	30.34
1994	21.00	49.10	31.20	16.90	53.90	29.50
1995	22.20	46.42	31.42	16.80	52.70	30.90
1996	20.30	48.21	31.50	16.50	51.20	32.70
1997	19.30	48.92	31.81	15.50	51.10	33.80
1998	18.60	49.00	32.50	14.50	50.60	35.30
1999	17.86	49.10	33.66	13.50	50.93	36.10
2000	16.35	50.30	33.80	12.20	51.90	36.30
2001	16.56	49.60	34.60	11.60	51.90	37.00
2002	15.90	48.38	35.72	10.60	52.84	37.30
2003	15.37	49.38	35.25	9.30	54.60	36.70
2004	15.73	50.74	33.60	9.12	56.70	34.90
2005	14.90	52.66	33.36	8.00	56.60	35.80
2006	12.75	53.28	34.21	7.20	56.60	36.40
2007	13.26	52.93	34.01	7.10	55.90	37.40
2008	12.71	54.34	33.21	6.93	55.00	38.40
2009	13.00	52.10	35.21	6.60	54.10	39.60
2010	12.70	53.00	34.93	6.20	53.20	41.40
2011	12.00	54.10	34.61	6.30	51.50	42.40
2012	12.00	52.70	35.30	6.30	50.20	43.50
2013	12.40	52.20	35.50	6.20	49.20	44.70

从表 3－9 显示的江苏、河北两省城市化率来看，过去 20 多年里河北省总体城市化水平低于江苏省，并且伴随改革开放和市场化进程的推进，这个差距从 1990 年的 7 个百分点扩大到 2013 年的 16 个百分点。如图 3－5 所示，在整个城市化差距扩大的趋势中，1996 年以后的差距迅速拉大，2002 年达到最大以后至 2006 年间的差距稍有缩小，之后差距又开始扩大。这表明 1996 年我国经济实现软着陆后江苏省的城市化水平提升很快，远高于河北省。经过迅速的一波城市化

过程以后，两省的城市化水平差距逐步趋稳，近两年又开始有扩大的倾向。在今天经济发展的新常态下，河北省能不能够加快城镇化建设，抓住机遇提高城市化水平，值得期待。

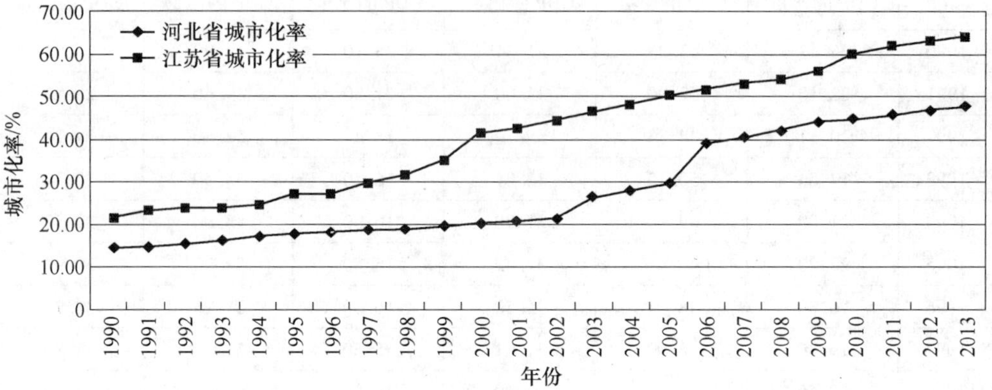

图3－5 两省城市化水平比较

从图表中均可以看出两省的城市化趋势是显而易见的，但就河北与江苏两省相比而言，城市化水平却存在较大的差异。先来看表3－9，江苏省和河北省的城镇人口所占比重一直在上升。但江苏省1990年的城市化水平就已经相当于河北省2002年的水平，城镇人口占总人口的比例为21.56%，中间相差12个年头。所以从人口城镇化指标而言，两省的城镇化水平都有所提高，但是江苏省的城镇化水平高于河北省。

从表3－10可以看到，两省第一产业占GDP的比重一直在降低，工业和服务业的比重在上升。就两省相比而言，在1990年时，所占比重相当，之后江苏省的第一产业占GDP的比重一直在下降，并且下降的速度高于河北省，所以从经济城镇化指标来讲，两省的城镇化水平都有所提高，并且，江苏省的城镇化速度要高于河北省，其城镇化水平也越来越高于河北省。图3－6和图3－7更清晰地反映出两省第一、第二产业在GDP中占比的对比情况。

图3－6和图3－7显示出两省的第一产业都处于下降趋势，且河北省第一产业的比重远高于江苏省，这反映出河北省相对于江苏省属于农业大省的特点，并且两省都在逐步实现产业结构的调整。对于第二产业的GDP占比，江苏省的占比远高于河北省但最近几年呈现出明显的下降趋势，反映出河北省还没有实现第二产业占比大向第三产业的扭转，而江苏省已经呈现出产业结构调整的效应，如图3－8所示。

无论是城镇人口占总人口的比，还是第一产业占GDP的比，都明显显示江苏省的城镇化水平较高，城镇化速度较快，并且在经济增长方式的转变过程中表现出明显的改善，即第一产业和第二产业占比均在下行，第三产业稳步趋升并越

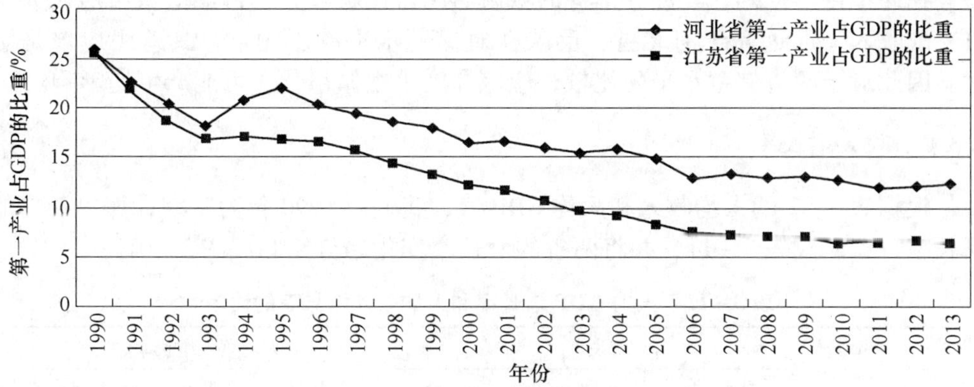

图 3-6 两省第一产业占 GDP 的比重

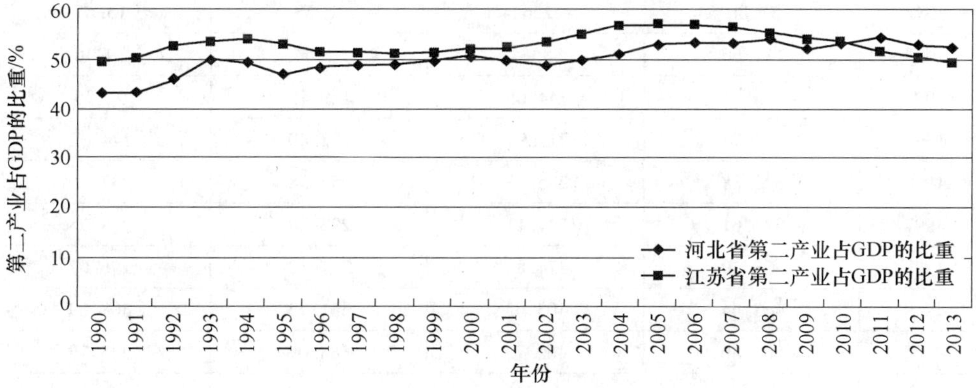

图 3-7 两省第二产业占 GDP 的比重

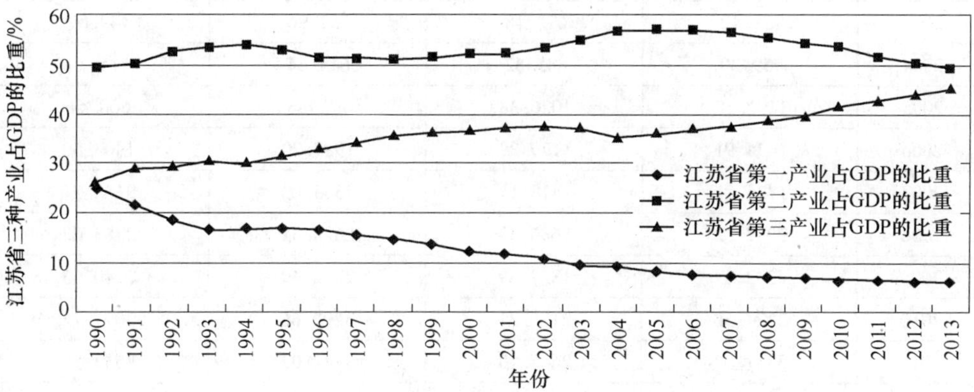

图 3-8 江苏省三种产业占 GDP 的比重

来越接近第二产业占比。事实上，河北省在城镇化方面的工作还有很大提升空间。

在此不得不提到，江苏省本身的城镇居民占比就较大，再加上城市居民人均可支配收入又远远高于河北省，反映在对储蓄水平的影响上，其差距应该是更大。因此对于两省储蓄水平的比较，应该高度重视城市化所可能产生的影响。

3.3.2 收入增长率

根据表3-2的人均收入和人均GDP值，我们以1990年为基期计算出各自的增长率，编制成表3-11，并将两省的增长率变化趋势绘制成图3-9。

表3-11 人均GDP增长率和人均收入增长率的比较 %

年份	人均GDP增长率		人均收入增长率	
	江苏省	河北省	江苏省	河北省
1991	13.05	19.61	7.41	6.16
1992	50.80	42.64	30.53	15.67
1993	111.66	88.64	61.44	39.46
1994	186.44	144.05	129.19	92.95
1995	263.94	217.91	202.40	174.32
1996	323.88	285.23	258.58	237.80
1997	371.61	341.11	297.88	278.25
1998	408.29	374.83	317.12	296.07
1999	443.44	403.63	351.73	308.69
2000	503.86	462.73	388.09	323.19
2001	567.62	515.48	426.67	348.97
2002	648.81	571.44	481.27	382.48
2003	778.42	672.18	552.96	449.07
2004	959.20	845.82	644.64	515.30
2005	1192.32	1026.38	775.35	600.41
2006	1434.91	1179.39	1987.20	1903.60
2007	1736.81	1418.11	2303.00	2168.27
2008	2087.22	1686.39	2628.52	2483.02
2009	2332.57	1822.89	2922.49	2740.63
2010	2824.50	2175.31	3292.66	3077.12
2011	3367.02	2635.13	3842.02	3543.50
2012	3716.32	2864.87	4332.00	3989.42
2013	4076.61	3057.48	4729.18	4434.64

图3-9四条曲线变化反映出了两省人均收入和人均GDP的变化都呈上升趋

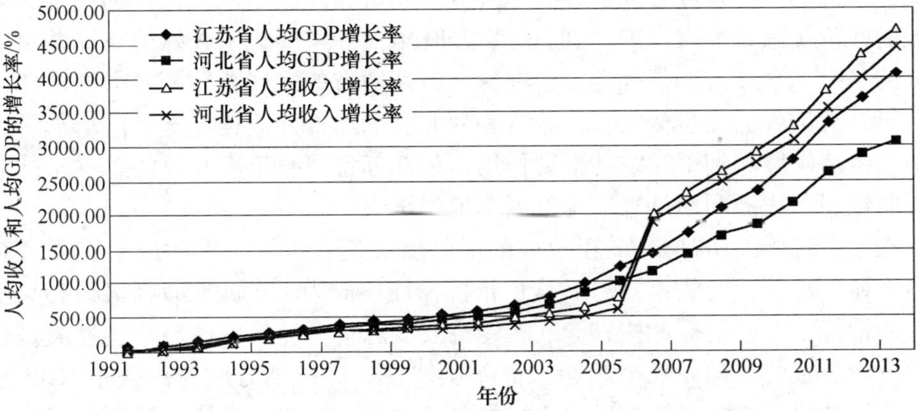

图 3-9 两省人均收入和人均 GDP 的增长率比较

势，但在上升过程中，人均收入的增长速度要大于人均 GDP 的增长速度，江苏省的增长速度又始终大于河北省的增长速度，并且从 2000 年开始两省增长速度的差距显著扩大。表 3-11 中的数据显示，江苏省 2013 年的人均 GDP 和人均收入相对于 1990 年增长了 4076.61% 和 3057.48%，而 1991 年的增长率分别只有 7.41%、11.57%；河北省 2013 年的人均 GDP 和人均收入相对于 1990 年增长了 4729.18% 和 4434.64%，而 1991 年的增长率分别只有 6.16%、17.88%。

河北省经济增长速度落后于江苏省的原因有很多，最主要的是因为在改革开放初期没有把握好发展的机遇。在国家改革开放的初期，河北省没有紧跟国家的改革思路，存在一个滞后期。从 1982 年河北省第一次集中讨论对省情的认识开始，之后历经三次讨论，于 1988 年形成并印发了《河北省经济发展战略概要(草案)》，指导全省的经济建设。在关于省情认识不断深化的过程中，经济发展有序前行，1988 年国内生产总值 701 亿元，人均 GDP 为 1219 元，首次突破 1000 元，增长率高达 11.9%，达到历史上最高增长速度。在 1989～1991 年期间，国家针对经济生活中出现的一些问题，开始治理整顿，河北省在高速增长中还没有充分显露出经济增长潜力之时，又开始大幅收缩，没能根据省情做好调整，而是“冷”得太快，经济增长明显下降。到 1991 年底，增长速度才又回升，国民生产总值突破千亿大关，人均 GDP 达到 1727 元，走出了调整期的低谷。之后的恢复增长和邓小平南行讲话的宏观局势，造就了全省发展的持续加快，1993 年 GDP 为 1690.84 亿元，人均 GDP 为 2682 元，增速达到 17%。但发展中存在的尖锐问题也开始显现，表现在资金约束、物价攀升、提高经济效益的难度加大等，这些问题从 1994 年开始产生负面影响。1994 年以后，经济体制改革中新旧矛盾交织，国有企业经营困难，经济结构调整缓慢，加上国家 1996 年软着陆以后整体出现的经济衰退，人均 GDP 的下降趋势一直到 1999 年，2000 年才有所好转，并随着国家经济形势的好转，2003 年河北省的经济也开始重新走上较快增长道路。与河北省不同的是，江苏省经济在改革开放之初就紧跟国家政策，并利用国家沿海开放的政策优惠，大力发展，到20世纪90年代已经形成了较好的格局并奠定了良好的基础。众多数据指标都显示在这一时期两省的发展差距相差大概十年。伴随改革开放进程的逐步深入，江苏省和河北省的对外开放程度都有所增加，这对两省的经济发展起到了一定的推动作用，但江苏省更善于以开放的思想来推动发展思路创新，积极利用外来资源发展本地经济。

在过去“唯GDP论”的粗放式的经济增长模式下，发展的成果有目共睹但问题也显而易见。前些年，GDP这根指挥棒往往成为考核政府政绩最核心甚至是唯一的指标，但该指标考核只能反映经济发展总量，经济发展与社会发展是否协调以及所导致的一系列社会问题，都无从体现。如果地方政府总是把GDP放第一位，调结构、转方式就永远被放在次要地位，从而忽视长期的社会层面社会福利最大化的问题。“唯GDP论”导致人、财、物等生产力要素不断向城市集聚，导致城市规模越来越大，除了导致交通拥堵、房价高企、生活成本提高、空气污染、无处不在的噪声、街区发展失衡这些市民们日常就能深切体会的“城市病”外，北京、上海、广州等特大城市还面临着不同程度的人口膨胀、资源短缺、环境污染、生态恶化等“城市病”。河北省近两年严重的环境污染就是“唯GDP论”的典型牺牲品，未来的发展道路必将会越来越强调社会的发展目标，不再简单地看GDP的增长，而是改为调整经济增长质量，在科学发展统领发展大背景下，考虑设立一些新的指标，比如居民消费率、财政性社保支出占财政总支出比重、城镇保障性住房建设套数、九年义务教育巩固率等，将未来发展战略目标落到实处。

3.3.3 居民储蓄

按照一般的理论解释，人均收入水平提高的同时，居民储蓄水平也随之上升，因为储蓄存款是我国居民储蓄最主要的表现形式。根据所获得的数据，我们把江苏、河北两省的居民储蓄存款和人均储蓄存款额列表（见表3－12）显示进行比较，并绘成图3－10。

表3－12 两省城乡居民储蓄存款额

年 份	河北省居民储蓄存款余额/亿元	河北省人均储蓄存款额/元	江苏省居民储蓄存款余额/亿元	江苏省人均储蓄存款额/元
1990	504.59	819.27	471.18	696.29
1991	641.13	1030.76	617.61	902.41
1992	775.55	1235.94	766.11	1108.51
1993	981.00	1548.78	964.22	1383.93

续表 3－12

年　份	河北省居民储蓄存款余额/亿元	河北省人均储蓄存款额/元	江苏省居民储蓄存款余额/亿元	江苏省人均储蓄存款额/元
1994	1357.37	2124.87	1352.57	1926.46
1995	1811.23	2813.78	1922.33	2720.53
1996	2288.77	3529.87	2581.06	3630.10
1997	2712.98	4157.82	3101.89	4339.52
1998	3207.62	4882.97	3656.46	5090.82
1999	3681.20	5565.77	4132.40	5729.00
2000	3957.07	5929.08	4457.55	6083.73
2001	4364.51	6515.17	5172.83	7029.26
2002	4808.30	7139.27	6276.20	8474.48
2003	5457.00	8061.75	7638.17	10241.58
2004	6207.48	9116.58	8863.10	11781.34
2005	7084.03	10340.14	10581.27	13944.74
2006	8014.20	11618.15	12183.50	15913.66
2007	8922.40	12850.93	13014.90	16852.13
2008	11434.70	16361.00	16718.70	21539.17
2009	13551.10	19265.14	20080.60	25711.40
2010	15678.40	21793.72	23334.50	29653.70
2011	17824.30	24615.80	25914.70	32807.57
2012	20665.10	28354.97	30057.20	37951.01
2013	23357.20	31852.18	33823.90	42602.11

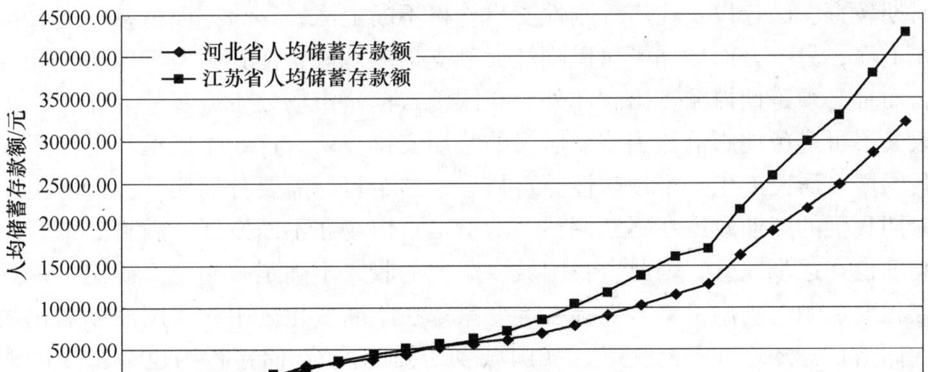

图 3－10　两省人均储蓄额的比较

根据表3－12的数据可以观察到，河北省居民储蓄存款余额除了1995年以前高于江苏省外，从1995年开始直到2013年始终低于江苏省并且差距不断扩大，人均储蓄存款额的变化趋势基本与总体储蓄存款变化趋势相同。这反映出江苏省近十年来较高的居民储蓄水平。很显然，江苏省城乡居民较高的收入水平为其提供了坚实的基础。这里1995年前后发生的显著变化，有几个可能的影响因素：

第一，伴随着20世纪80年代末江苏省城乡居民收入水平提高，人们的消费结构发生变化，恩格尔系数下降，消费层次上升，一些价值额较大的消费品开始进入居民的消费。即使是满足日常生活需要的食品、衣着、日用品消费，其内部结构也在升级，消费支出增加。消费水平和消费结构的这种变化，自然会引起储蓄的下降。

第二，从1995年开始，我国金融业走上了正式发展的道路，金融的快速发展在动员居民储蓄方面起到了积极作用。同时，住房体制改革、医疗改革、教育高收费等引起的居民大额支出项目越来越成为居民不稳定预期的主要因素，出于预防性动机的考虑，居民储蓄资产的形式多数集中到了银行储蓄存款上，表现为储蓄存款的大量增加。

改革开放30年，国家采取了渐进式的改革道路，资源的配置方式逐步转变。转变中明显存在两方面效应：一是制度变量不断变化对经济系统不断地带来冲击；二是处于系统中的微观经济主体——居民没有明确的制度预期，这使得他们主观感受到的不确定性远远超过了客观上存在的不确定性，从而引起行为过度谨慎，制度的不确定性产生了预防性储蓄效应。处于经济转轨和经济持续高增长下的中国城乡居民既是预防性储蓄者，又是习惯形成者，既瞻前又顾后，还要平滑消费水平，行为非常谨慎，而制度不确定又进一步加深了这种谨慎心理。同时转轨时期教育、医疗以及住房等刚性支出价格不断上涨，这一方面抵减了居民部分收入上涨，另一方面增加了居民刚性大额支出的总额，使其不但需要跨期配置资源，而且必须跨期摊派支出。此外，我国消费信贷市场处于逐步建立之中，借贷约束又不可避免地影响我国城乡居民的跨期安排。所有这些作用汇集的结果是导致我国城乡居民产生一个预防性储蓄目标，这个目标需要分期实现。同时由于转轨时期我国的产业政策在不断调整，消费信贷市场在不断发展，教育、医疗和住房制度也在逐步完善，因此，我国城乡居民的收入不确定、制度不确定、流动性约束程度、刚性支出价格上涨幅度等变量都在不断变化之中，我国城乡居民的预防性储蓄目标随之在不断变动，我国城乡居民的消费/储蓄行为也在不断的调整之中。

下面结合城乡居民收入水平存在差异的情况比较两省的储蓄率，见表3－13和图3－11。

表3-13 两省储蓄率的比较

年份	江苏省储蓄率	河北省储蓄率	年份	江苏省储蓄率	河北省储蓄率
1990	0.33	0.56	2002	0.59	0.80
1991	0.39	0.60	2003	0.61	0.79
1992	0.36	0.61	2004	0.59	0.73
1993	0.32	0.58	2005	0.58	0.70
1994	0.33	0.62	2006	0.56	0.70
1995	0.37	0.64	2007	0.50	0.66
1996	0.43	0.66	2008	0.54	0.71
1997	0.46	0.69	2009	0.58	0.79
1998	0.51	0.75	2010	0.56	0.77
1999	0.54	0.82	2011	0.53	0.73
2000	0.52	0.78	2012	0.56	0.78
2001	0.55	0.79	2013	0.57	0.83

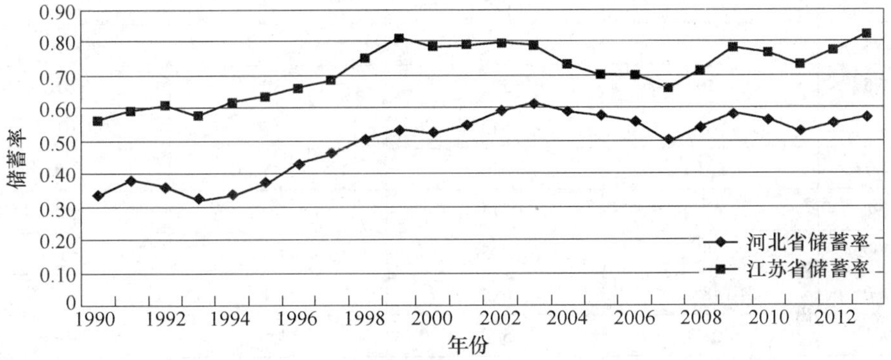

图3-11 江苏省与河北省的储蓄率比较

由表3-13可以看到，两省的储蓄率呈波动上升的趋势，并表现出比较一致的节奏。由前面的分析可知，无论是从总收入水平还是从人均收入水平看，江苏省都要高于河北省，而且居民储蓄存款额和人均储蓄存款额在规模上也都比河北省的水平高。然而计算两省的储蓄率却发现，河北省的储蓄率一直高于江苏省。对于河北省储蓄率较高这一现象，可从以下几个方面展开分析：

（1）在相对于江苏省较滞后的经济转轨时期，对未来不确定性的心理预期增强了预防性存款的愿望，这包括多项社会变革的成本转移和难以在短时间内消化，同时保障体制不健全、老龄化社会的到来，都迫使人们采取储蓄这一保守的方式获得预防性存款带来的安全感。

（2）资金未能及时分流到消费领域，在消费能力正处于经济转轨过程中的积累时期，无论是消费意识还是消费水平都在蓄势待发期。

（3）河北省金融市场相对落后，金融商品种类比较单一，在银行为主导的间接融资模式下，很少有优质的产品可以替代银行存款，居民对金融商品的需求和金融产品的供给没能很好地对接，居民更倾向于选择安全系数高的银行存款。

（4）河北的开放性较低，资金的投资渠道较少，居民收入的一部分除了储蓄以外很少有其他选择。

同样结合城乡居民收入水平存在差异的情况，我们根据支出法对江苏和河北两省的人均收入与人均消费之差列表3－14并绘图3－12。

表3－14 两省城乡居民储蓄的比较

元

年 份	江苏省城镇居民人均储蓄	江苏省农村居民人均储蓄	河北省城镇居民人均储蓄	河北省农村居民人均储蓄
1990	59	124	-65	189
1991	153	115	38	77
1992	461	188	273	-85
1993	137	205	-68	273
1994	357	365	-8	373
1995	126	521	-395	916
1996	169	543	-374	917
1997	271	626	-355	981
1998	67	774	-707	1481
1999	299	935	-636	1571
2000	1488	614	874	-260
2001	2017	558	1459	-901
2002	2067	376	1691	-1315
2003	2000	666	1334	-668
2004	1878	1273	605	668
2005	2259	1126	1133	-7
2006	2721	969	1752	-783
2007	3388	863	2525	-1662
2008	3928	973	2955	-1982
2009	4587	857	3730	-2873
2010	4701	922	3779	-2857
2011	4743	641	4102	-3461
2012	5576	481	5095	-4614
2013	3784.5	-973.2	4757.7	-5730.9

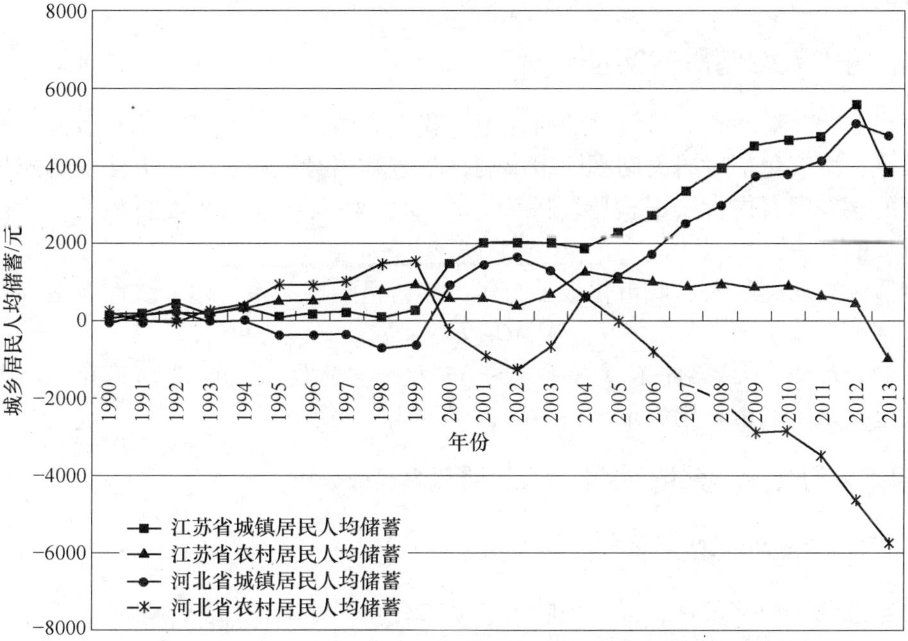

图 3－12　两省城乡居民人均储蓄比较

不难看出，两省城镇居民储蓄都远高于农村居民储蓄，且呈现出城镇居民储蓄不断上升和农村居民储蓄不断下降的趋势，同时江苏省城镇居民储蓄远高于河北省，而农村居民储蓄在时间序列上变化比较稳定但在规模上于 1993～2003 年要低于河北省。根据表 3－14 绘制图 3－13。

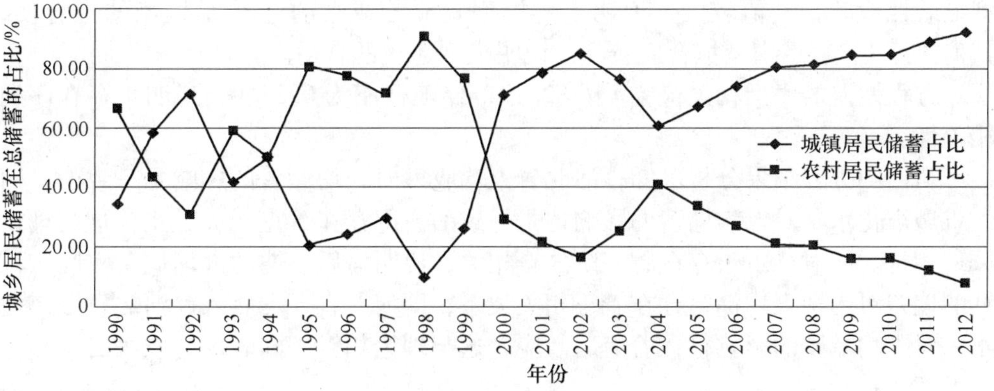

图 3－13　江苏省城乡居民储蓄在总储蓄的占比

很明显，江苏省储蓄中城镇居民对储蓄总额做出的贡献度要高于农村居民。事实上，在前面的分析中已经提到，江苏省的城市化水平较高，城市人口占比较高。这样，较多的城镇居民和城镇居民较多的储蓄存款成为江苏省居民储蓄的显著特征。

3.4 两省人均储蓄的实证分析

在上一节对两省居民储蓄的对比中，我们观察到人均 GDP、人均收入、收入增长率、城市化都对居民储蓄产生影响，本节利用经济计量分析方法对影响居民储蓄的这些因素进行实证检验。因为人均 GDP 和人均收入高度自相关，所以分析时只取其一。

假设人均纯收入、城市化水平与居民储蓄呈线性关系，建立线性模型：

$$Y = C + aX_1 + bX_2$$

式中，Y 为人均储蓄额；C 为常数项；X_1 为人均纯收入；X_2 为城市化。需要说明的是，这里城市化用城市人口占总人口的比来表示。

3.4.1 人均收入、城市化水平对人均储蓄的实证分析

3.4.1.1 河北省的实证分析

考虑到人均储蓄额、人均纯收入、城市化水平是时间序列，理论上应该存在着自相关的问题，建立回归方程如下：

$$Y_{\mathrm{H}t} = 0.88X_{\mathrm{H}1t} + 18673.79X_{\mathrm{H}2t} + 0.71AR(1)$$

$$(4.81) \qquad (1.83) \qquad (3.84)$$

$$F = 570, \ R^2 = 0.98$$

式中，$Y_{\mathrm{H}t}$是河北省 t 期居民人均储蓄额；$AR(1)$ 是滞后 1 阶的随机扰动项；模型下方小括号内的值是参数的 t 统计量值，是衡量参数显著存在的依据；F 是模型显著性检验，其值较大，说明上述模型是显著成立的；R^2 是模型的拟合度，其值接近 1，表示模型拟合度较高，说明模型建立的合适。

方程残差的序列相关检验 $LM = 2.12$，伴随概率为 0.3469，说明不存在序列相关性。

从回归方程结果分析可知，河北省人均收入对人均储蓄的影响是一致的，河北省城市化水平对人均储蓄的影响也是一致的，即存在着正相关关系，这与理论分析相符。同时，由于存在着一阶的自相关，说明滞后一期的人均储蓄实际与计划的偏差对当期人均储蓄存在着正相关关系，即河北省人均收入、河北省城市化水平对人均储蓄的影响存在着滞后效应，这与理论相符，同时也与农民的实际生活习惯相符。

3.4.1.2 江苏省的实证分析

考虑到人均储蓄额、人均纯收入、城市化水平是时间序列，理论上应该存在着自相关的问题，建立回归方程如下：

$$Y_{Jt} = -3956.55 + 0.50X_{J1t} + 16258.54X_{J2t} + 0.85AR(1) - 0.53AR(2)$$
$$(-2.14)\quad(9.67)\qquad(2.89)\qquad(3.59)\qquad(-2.12)$$
$$F = 362,\ R^2 = 0.99$$

式中，Y_{Jt}是江苏省 t 期居民人均储蓄额；AR（1）是滞后 1 阶的随机扰动项；AR（2）是滞后 2 阶的随机扰动项。模型下方小括号内的值是参数的 t 统计量值，是衡量参数显著存在的依据；F 是模型显著性检验，其值较大，说明上述模型是显著成立的；R^2 是模型的拟合度，其值接近 1，表示模型拟合度较高，说明模型建立的合适。

方程残差的序列相关检验 $LM = 1.03$，伴随概率为 0.597，说明不存在序列相关性。

从回归方程结果分析可知，江苏省人均收入对人均储蓄的影响是一致的，江苏省城市化水平对人均储蓄的影响也是一致的，即存在着正相关关系，这与理论分析相符。同时，由于存在着二阶的自相关，滞后一期的人均储蓄实际与计划的偏差对当期人均储蓄存在着正相关关系，滞后二期的人均储蓄实际与计划的偏差对当期人均储蓄存在着负相关关系，即江苏省人均收入、江苏省城市化水平对人均储蓄的影响存在着滞后效应，这与理论相符，同时也与农民的实际生活习惯相符。

3.4.2 人均收入增长率对人均储蓄的实证分析

我们在前面的比较中还发现，人均收入的增长率似乎对人均储蓄额的形成有着重要的影响，而李焰也认为绝对收入水平正在随居民收入水平的提高而逐渐让位于收入增长率。

3.4.2.1 河北省的实证分析

根据表 3 - 11 绘制图 3 - 14。

考虑到人均储蓄额、人均收入增长率是时间序列，理论上应该存在着自相关的问题，建立回归方程如下：

$$Y_{Ht} = 4080.60 + 790.86X_{H3t} + 0.86AR(1) - 0.30AR(2)$$
$$(2.55)\quad(11.16)\qquad(3.55)\qquad(-1.25)$$
$$F = 242,\ R^2 = 0.98$$

式中，Y_{Ht}是河北省 t 期居民人均储蓄额；X_{H3t}指 t 期河北省人均收入增长率；AR（1）是滞后 1 阶的随机扰动项；AR（2）是滞后 2 阶的随机扰动项；模型下方小括号内的值是参数的 t 统计量值，是衡量参数显著存在的依据；F 是模型显著性检验；R^2 是模型的拟合度。

方程残差的序列相关检验 $LM = 0.61$，伴随概率为 0.737，说明不存在序列相关性。

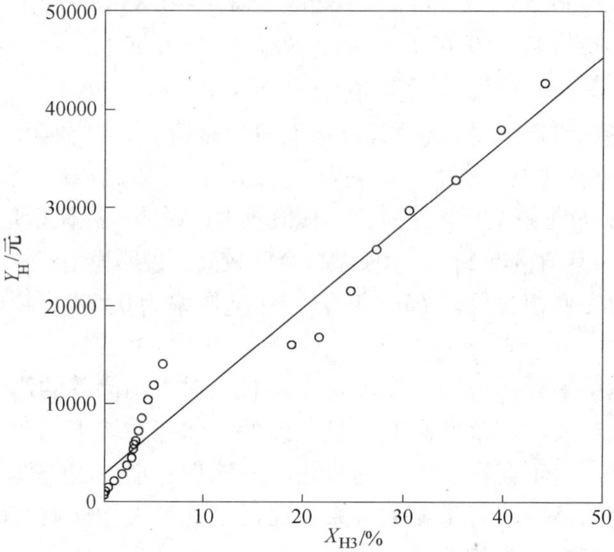

图 3－14 河北省人均收入增长率对人均储蓄散点图

从回归方程结果分析可知，河北省人均收入增长率对人均储蓄的影响是一致的，即存在着正相关关系，这与理论分析相符。同时，由于存在着二阶的自相关，滞后一期的人均储蓄实际与计划的偏差对当期人均储蓄存在着正相关关系，滞后二期的人均储蓄实际与计划的偏差对当期人均储蓄存在着负相关关系，即河北省人均收入增长率对人均储蓄的影响存在着滞后效应，这与理论相符，同时也与农民的实际生活习惯相符。

3.4.2.2 江苏省的实证分析

根据表 3－11 绘制图 3－15。

考虑到人均储蓄额、人均收入增长率是时间序列，理论上应该存在着自相关的问题，建立回归方程如下：

$$Y_{Jt} = 2086.49 + 625.34X_{J3t} + 0.84AR(1) - 0.39AR(2)$$
$$(2.55)\quad(16.82)\quad(3.61)\quad(-1.67)$$
$$F = 322,\ R^2 = 0.98$$

式中，Y_{Jt}是江苏省 t 期居民人均储蓄额；X_{J3t} 指 t 期江苏省人均收入增长率；$AR(1)$ 是滞后 1 阶的随机扰动项；$AR(2)$ 是滞后 2 阶的随机扰动项；模型下方小括号内的值是参数的 t 统计量值，是衡量参数显著存在的依据；F 是模型显著性检验；R^2 是模型的拟合度。

方程残差的序列相关检验 $LM = 0.59$，伴随概率为 0.746，说明不存在序列相关性。

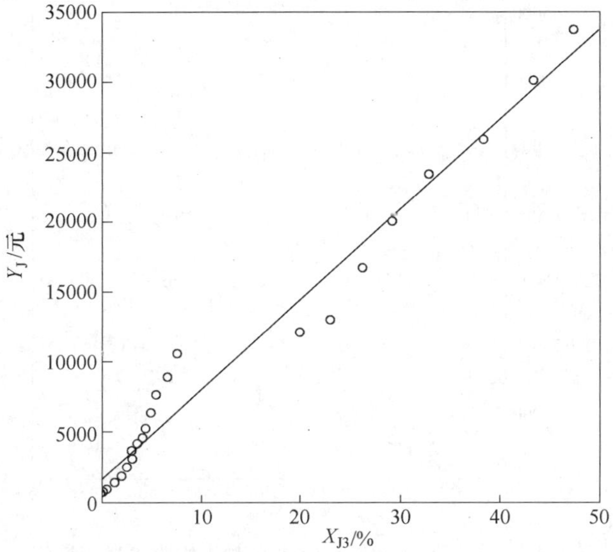

图 3-15 江苏省人均收入增长率对人均储蓄散点图

从回归方程结果分析可知，江苏省人均收入增长率对人均储蓄的影响是一致的，即存在着正相关关系，这与理论分析相符。同时，由于存在着二阶的自相关，滞后一期的人均储蓄实际与计划的偏差对当期人均储蓄存在着正相关关系，滞后二期的人均储蓄实际与计划的偏差对当期人均储蓄存在着负相关关系，即江苏省人均收入增长率对人均储蓄的影响存在着滞后效应，这与理论相符，同时也与农民的实际生活习惯相符。

3.4.3 城市化水平对人均收入的实证分析

实证模型中反映出的城市化水平对储蓄的影响，江苏省和河北省刚好相反。对河北省来说，城市化水平越高，储蓄额会越低，江苏省则相反。这似乎没有一个合乎逻辑的一般性规律，但比较两省的城市化水平，也许会发现二者之间的差距所在。

3.4.3.1 河北省的实证分析

根据表 3-2 和表 3-9 绘制图 3-16。

考虑到人均收入、城市化水平是时间序列，理论上应该存在着自相关的问题，同时考虑上述散点图符合指数函数曲线，建立回归方程如下：

$$\ln X_{H1t} = 12.21 + 2.69\ln X_{H2t} + 1.09AR(1) - 0.39AR(2)$$
$$(41.59)\quad(12.25)\qquad(5.10)\qquad(-1.89)$$
$$F = 507,\ R^2 = 0.99$$

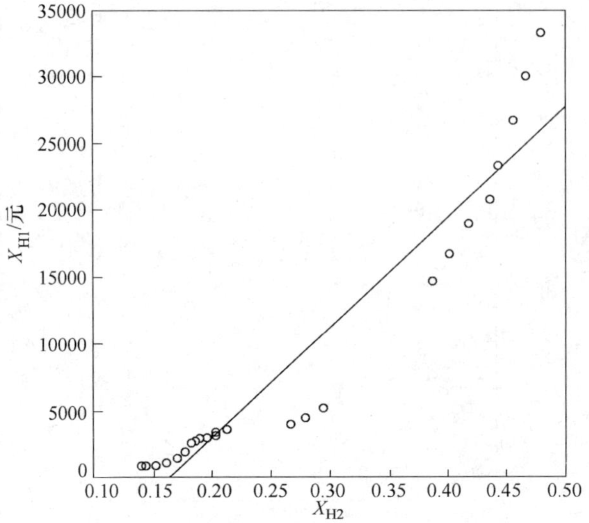

图 3－16 河北省城市化水平对人均收入散点图

方程残差的序列相关检验 $LM=1.44$，伴随概率为 0.23，说明不存在序列相关性。

从回归方程结果分析可知，河北省城市化水平对人均收入的影响是一致的，即存在着正相关关系，这与理论分析相符。同时，由于存在着二阶的自相关，滞后一期的人均收入实际与计划的偏差对当期人均收入存在着正相关关系，滞后二期的人均收入实际与计划的偏差对当期人均收入存在着负相关关系，即河北省城市化水平对人均收入的影响存在着滞后效应，这与理论相符，同时也与农民的实际生活习惯相符。

3.4.3.2 江苏省的实证分析

根据表 3－2 和表 3－9 绘制图 3－17。

考虑到上述曲线符合指数函数曲线，建立回归方程如下：

$$\ln X_{J1t}=11.83+3.16X_{J2t}$$
$$(53.64)(14.34)$$
$$F=205,\ R^2=0.90$$

从回归方程结果分析可知，江苏省城市化水平对人均收入的影响是一致的，即存在着正相关关系，这与理论分析相符。

城市化水平对储蓄额的影响主要是通过城乡居民收入水平传导的，两省城市化水平对人均收入的实证分析显示，城市化水平对两省的人均收入产生重要影响。城市化水平处于不同的阶段，人口结构不同，造就了城乡居民收入差距表现不同，见表 3－15。

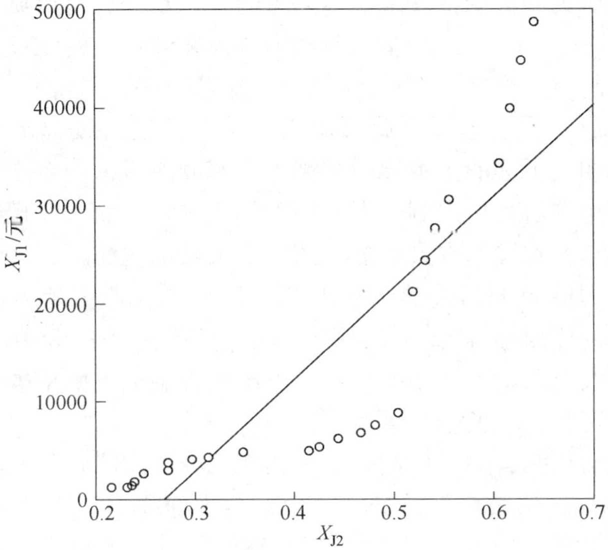

图 3-17 江苏省城市化水平对人均收入散点图

表 3-15 两省城镇居民收入占总收入的比重 %

年份	河北省	江苏省	年份	河北省	江苏省
1990	27.39	31.28	1998	32.57	45.04
1991	27.81	34.74	1999	33.98	50.11
1992	31.85	38.61	2000	35.76	57.30
1993	33.68	40.90	2001	36.99	59.12
1994	34.38	40.34	2002	40.29	62.32
1995	31.19	41.46	2003	48.06	65.75
1996	31.75	39.16	2004	49.41	67.21
1997	32.58	42.86	2005	52.12	70.43

从表 3-15 的数据来看，河北省城市居民收入的占比一直处于较低水平，直到 2005 年才刚过 50%，反映的城乡差距是农村收入大于城市收入。而江苏省的城市居民收入占比一直高于河北省，并在 1999 年已经超过农村，到 2005 年达到 70.43%，反映的城乡差距是城市收入远高于农村，并且这种差距还在不断拉大(前文已分析到)。很显然，两省的城乡差距是处于不同阶段的差距。因此，解释江苏与河北两省城市化水平对储蓄额不同方向的影响，关键要看城市化进程所处阶段。

学术界已有的研究表明，在农业人口占据较大比重的人口结构下，因为农民无法获得与城镇居民同等的发展地位和同等的收入水平，所以城乡居民收入差距日益扩大。一方面，大量农民和富余劳动力滞留在农村，使农业劳动生产率极为低下，农民创收的能力很低，与城镇居民形成差距；另一方面，人均占有农业资源偏小，难以形成规模经营，由此形成的小生产无法持续提高农民的收入。这里，农民收入长期上不去的根本原因是城市化明显滞后，城乡之间的人口分布极为不合理。城市化滞后直接限制了农业的现代化进程，而农业现代化的基本前提是农业的规模经营及农民基本素质的提高。由于城市化滞后，大量农村剩余劳动力无法有效转移到城镇部门或从事非农产业，造成农业劳动力比重难以有效下降，农村土地的规模经营难以全面展开，农村劳动力的边际劳动生产力难以提高，严重影响了农业劳动生产率的提高，也严重影响了农民从事农业生产的积极性，造成农村居民收入增长十分缓慢。

比较江苏与河北两省的人口结构（见表3－9），江苏省的农村人口占比一直都低于河北省，2005年城乡人口基本持平，各占50%，而河北省的农村人口到2005年还占总人口的70%多。根据上面的分析，农村人口占比越大，农村居民收入与城镇居民收入的差距越大。事实上统计数据的显示结果确实如此，见表3－16。

表3－16 两省的城乡收入比（城市居民收入/农村居民收入） %

年份	河北省的城乡收入差距	江苏省的城乡收入差距	年份	河北省的城乡收入差距	江苏省的城乡收入差距
1990	2.25	1.66	2002	2.49	2.05
1991	2.27	1.76	2003	2.54	2.19
1992	2.58	2.02	2004	2.51	2.2
1993	2.74	2.19	2005	2.62	2.33
1994	2.72	2.06	2006	2.71	2.42
1995	2.2	1.89	2007	2.72	2.50
1996	2.16	1.71	2008	2.80	2.54
1997	2.17	1.76	2009	2.86	2.57
1998	2.11	1.78	2010	2.73	2.52
1999	2.2	1.87	2011	2.57	2.44
2000	2.28	1.89	2012	2.54	2.43
2001	2.3	1.95	2013	2.48	2.39

就河北省城市化水平与储蓄的负相关关系，可能的情形是：与江苏省相比，河北省低水平的城市化进程中，城市居民人均收入水平较低，没有较深厚和长期的积累，再加上近些年城市居民住房、社会保障、教育等各方面的重要支出显著

增加，实际上大大减弱了城市居民的储蓄能力，在没有坚实的收入积累的情况下，居民较高的支出必然导致较低的储蓄，甚至负储蓄。也就是说，虽然城市居民收入高于农村，但收入增长的部分远不及支出的增长时，储蓄率必然是下降的。

进一步的，由于江苏省农村人口相对河北省较低，城乡居民收入差距表现出城镇居民收入占比远超过农村居民，河北省则因为农村人口规模占总人口规模的比值较高，其城乡居民收入差距表现为农村居民收入占比超过城镇居民（这里不考虑因收入分配制度造成的城乡收入分配差距），正如表3－15中的数据所表明的那样。江苏省城乡居民收入都处于较高的水平上，且城市居民收入大大高于农村，城市化水平也比较高，大量的城市居民和城市居民大量的收入为储蓄额增加提供了可靠的来源。河北省虽然城市居民收入高于农村，但都处于相对较低的水平，较少的城市居民和城市居民建立在较低收入水平基础上的收入提高不能带来较大的储蓄增加，从而形成了与江苏省储蓄额的较大差距。换句话说，由于较高的城市化水平，江苏省较多城镇居民及其较高收入积极推动了储蓄额的形成，而河北省则因为较低的城市化水平，较少的城镇居民及其相对较低的收入没办法支撑起较高的储蓄形成，由此形成了两省明显的储蓄差距。

3.4.4 对实证结果的分析

根据各种储蓄理论的思想，收入是形成储蓄的基础，这里实证结果均显示两省的人均收入对人均储蓄额产生正相关影响，非常容易理解。在收入水平既定的情况下，居民储蓄倾向是影响储蓄形成额的重要因素。我们根据两省人均收入和人均储蓄的数据，计算出了两省的边际储蓄倾向，并列表3－17。

表3－17 两省边际储蓄倾向比较

年份	河北省	江苏省	年份	河北省	江苏省
1995	0.38	0.14	2001	0.12	－0.24
1996	0.49	0.01	2002	－0.05	0.31
1997	0.25	0.34	2003	0.34	0.21
1998	0.58	0.40	2004	0.11	0.04
2000	－0.52	0.33	2005	0.18	0.26

从表3－17中边际储蓄倾向的数据比较中观察，两省的差距并不十分明显，并且在样本区间变化不太稳定。如果计算平均水平的话，江苏省的边际储蓄倾向平均值为0.18，河北省的边际储蓄倾向平均值为0.19，也没有太大差距。显然，这种不太稳定且平均差距不大的边际储蓄倾向对两省储蓄规模并没有产生明显的影响。而且，由于边际储蓄倾向是人均储蓄增加额与人均收入增加额的比值，更

多的用于反映居民的储蓄行为，在收入水平一定的条件下才可以反映出对储蓄规模的影响。江苏省的人均收入规模与河北省的人均收入规模相差极大，因此边际储蓄倾向并不能准确反映两省的储蓄规模差异。事实上，前面的分析已经提到，江苏省的人均储蓄额远高于河北省的人均储蓄额，这显然意味着边际储蓄倾向并不是两省储蓄差距产生的影响因素。

4

区域视野下的投资机制

4.1 河北省投资现状

生产投资过程中形成的资本包括固定资本和流动资本即存货，由于存货会在以后较短的时间内消耗掉，故对生产中的资本分析主要是围绕固定资本展开，本节对河北省投资现状的分析主要围绕固定资产投资进行。为便于数据的获取和后续章节对两个省份的比较，我们选择不同的角度对固定资产投资展开分析。

4.1.1 固定资产投资的不同经济类型

根据《中国统计年鉴》和《河北经济年鉴》的统计数据我们制出表4－1和图4－1。

表4－1 河北省按经济类型划分的固定资产投资 亿元

年 份	国有经济投资	集体经济投资	个体经济投资	外商经济投资	投资总额
1990	116.44	20.99	50.15	7.88	177.21
1991	131.02	33.13	85.61	4.85	240.45
1992	200.39	54.08	67.72	5.64	335.79
1993	291.96	63.94	69.09	21.83	540.2
1994	336.19	155.82	97.22	40.42	709.19
1995	411.04	256.17	132.29	56.82	939.32
1996	507.24	359.57	177.54	87.67	1187.7
1997	641.67	439.52	189.43	88.46	1469.99
1998	726.89	482.39	198.21	75.16	1651.15
1999	811.46	519.83	263.72	43.7	1797.96
2000	827.66	504.59	283.24	36.79	1847.23
2001	775.95	549.82	306.58	4.02	1941.9
2002	724.02	571.23	332.25	18.23	2046.69

续表 4-1

年　份	国有经济投资	集体经济投资	个体经济投资	外商经济投资	投资总额
2003	831.38	596.7	316.42	34.53	2515.86
2004	1030.8	676.5	438.7	61.35	3251.65
2005	1215.51	786.87	712.71	84.73	4210.25
2006	1365.32	379.35	315.21	180.66	5470.24
2007	1496.53	460.18	343.68	221.64	6884.68
2008	1697.99	633.83	416.21	325.49	8866.56
2009	2630.46	860.95	431.58	270.14	12269.80
2010	3478.20	1072.2	491.3	254.7	15083.40
2011	2873.99	932.26	630.65	309.98	16389.33
2012	3024.66	1099.92	589.79	331.27	19661.28
2013	3439.83	1081.71	600.17	390.82	23194.23

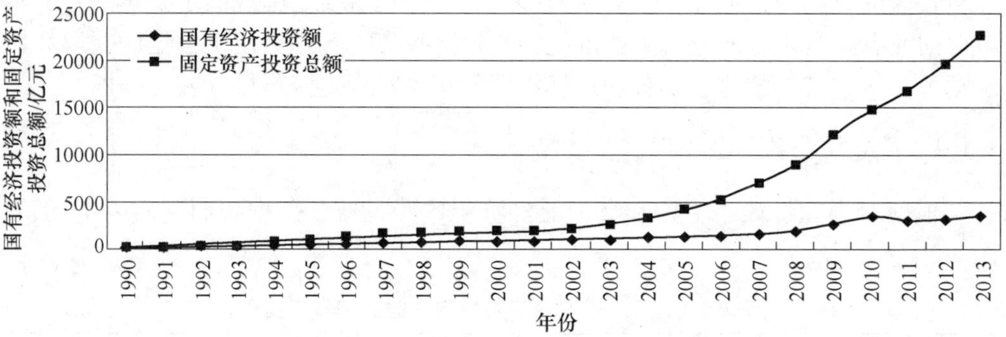

图 4-1　固定资产投资总额和国有经济投资变化趋势

1991~1995 年是河北省历史上投资增长较快的时期，整个 20 世纪 90 年代的经济增长主要是由投资拉动，有研究表明（薛维君等，1999），河北省经济增长与投资增长呈现很好的同波振动，投资每增长 1.98% 就会引起经济增长 1%。2002 年以后，河北省的固定资产投资呈现出前所未有的高速增长，图 4-1 中的趋势线表现得非常明显，过去十几年来河北省主要通过投资拉动“三年大变样”式的快速发展。

从表 4-2 显示的历年固定资产投资中不同经济类型的投资占比来看，国有经济投资在全社会固定资产投资中始终占有绝对主导地位。其投资额从 1990 年的 116.44 亿元一直攀升到 2013 年的 3439.83 亿元，23 年间翻了将近 30 倍，而且一直都高于其他经济类型的固定资产投资。公有制经济部门在有力带动当地经济增长的同时，其比重在不断下降，由 1990 年 66% 的占比下降到 1994 年的 50% 以下再下降到 2013 年的 15%，体现了我国降低国有经济投资、推进市场化和多元化投资的发展方向。事实上，在国有经济投资比例不断下降的过程中，股份合作制、联营制、有限责任公司、股份有限公司、私营等多种经济成分投资都不同程度的上升，呈现出高度多元化投资拉动整体投资增长。也就是说，尤其2002年以后，推动河北省投资总额增长的力量已经逐步向投资主体多元化转变。图4－1中国有经济投资额呈现出一条缓慢上升的趋势线，其增长幅度远低于投资总额的增长幅度，表明国有经济在固定资产总投资中的比重是呈不断下降趋势的。显然，随着国有经济占比的下降，市场化经济投资占比增加，多元化投资特点越来越明显。根据国家统计局官方数据列表4－3，体现出河北省2006年以来多种经济成分投资额的变化。考虑到股份合作投资和联营投资与其他经济成分投资规模差距悬殊，图4－2予以扣除，只列示国有经济投资、股份有限公司投资、有限责任公司投资和私营投资。

表4－2 河北省各经济类型固定资产投资的占比 %

年份	国有经济投资占比	集体经济投资占比	个体经济投资占比	外商经济投资占比
1990	66	12	28	4
1991	54	14	36	2
1992	60	16	20	2
1993	54	12	13	4
1994	47	22	14	6
1995	44	27	14	6
1996	43	30	15	7
1997	44	30	13	6
1998	44	29	12	5
1999	45	29	15	2
2000	45	27	15	2
2001	40	28	16	0
2002	35	28	16	1
2003	33	24	13	1
2004	32	21	13	2
2005	29	19	17	2
2006	25	7	6	3
2007	22	7	5	3
2008	19	7	5	4
2009	21	7	4	2
2010	23	7	3	2
2011	18	6	4	2

续表4－2

年　份	国有经济投资占比	集体经济投资占比	个体经济投资占比	外商经济投资占比
2012	15	6	3	2
2013	15	5	3	2

表4－3　多种经济成分投资额　　亿元

年份	国有经济投资	股份合作投资	联营投资	股份有限公司投资	有限责任公司投资	私营投资	投资总额
2006	1365.32	47.48	46.22	438.38	1145.48	1229.12	5470.24
2007	1496.53	44.56	49.58	510	1701.19	1724.4	6884.68
2008	1697.99	70.69	35.56	642.56	2255.5	2331.96	8866.56
2009	2630.46	67.72	36.48	778.57	3051.68	3623.05	12269.80
2010	3478.20	67	50.2	969.6	3688.3	4439.9	15083.40
2011	2873.99	68.54	53.64	1036.32	4802.08	4977.78	16389.33
2012	3024.66	124.51	53.83	1250.79	5447.76	6695.82	19661.28
2013	3439.83	179.71	76.64	1222.03	6368.8	8439.58	23194.23

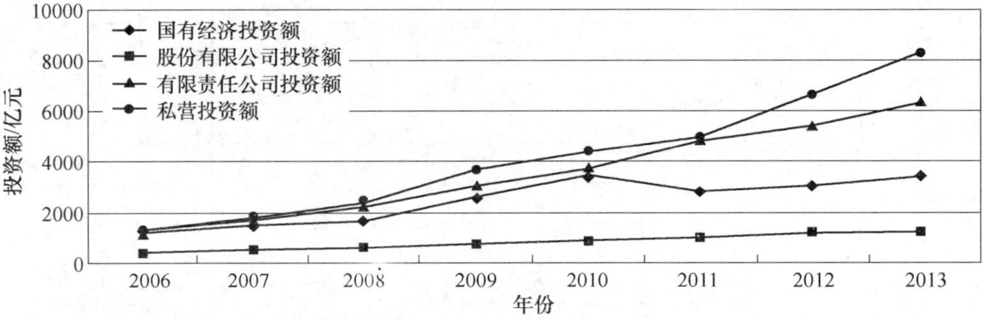

图4－2　多种经济成分投资变化趋势

在非国有经济投资中，个体经济的固定资产投资额除1991年以外一直在上升，从1990年的50.15亿元上升到2013年的600.17亿元，股份制经济的固定资产投资2013年已高达1402.74亿元，从1992年小平同志南行讲话到《公司法》的实施，河北省进行了规范化的股份制改革，实现了股权结构的多元化，形成了多元投资主体、多种经济成分相互交融的局面。同时股份制改造明晰了产权，也增强了企业的凝聚力和活力。而20世纪90年代后期正是国有企业经营困难、大面积亏损、投资效率低下的时期，所以，股份制经济和个体经济投资额的增长实际也反映了投资主体多元化格局和投资效率的提升。事实上，公有制经济部门在对整个社会经济的资本形成发挥重要作用的过程中，还可以通过资金漏损、技术扩散、人才支援、产品需求等形式推动非公有制经济部门的快速发展，共同促进经济市场化的发展。

根据表4－1制作的图4－3对集体经济、个体经济和外商经济投资额的发展趋势做了描述。

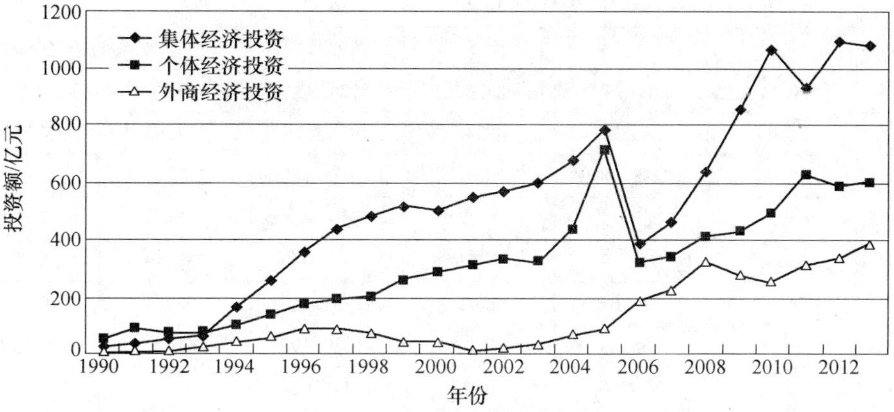

图4－3 集体经济、个体经济和外商经济投资额

我国对外开放政策的实行吸引了外商投资经济进入到我国的资本形成过程，从表4－1中的数据显示结果看，河北省的外商投资在样本区间内呈现出几个阶段性特征。1990～1992年三年里的投资额都不超过10亿元，1993年开始到1998年一直升到较高水平，1997年外商投资额最高，为88.46亿元。1999～2003年投资额大幅减少，最低到2001年只有4.02亿元，2004年和2005年外商投资额又较快上升。从全国来看，1992年以后国家对外开放程度进一步提高，开放格局遍及全国，外商投资进入高速增长时期，河北省外商投资额的增加基本与全国外商投资发展阶段相吻合。1996年之后，全国引进外商直接投资的重点开始由数量扩张转向质量提高，河北省的外商投资滞后一年开始进入调整阶段。理论研究和社会实践都表明引进外商投资对我国GDP的提升作用有限并带来严重的能源消耗和生态破坏，近些年来，外商投资额一直稳定维持在2%左右的水平。

4.1.2 固定资产投资的不同资金来源

固定资产投资按资金来源不同可划分为国家预算内投资、国内贷款、利用外资、自筹投资和其他投资。根据《河北经济年鉴》的统计数据我们编制出表4－4。

表4－4 河北省按资金来源划分的固定资产投资额 亿元

年份	国家预算	国内贷款	利用外资	自筹投资	其他	投资总额
1990	13.47	34.96	7.88	94.51	26.39	177.21
1991	12.68	50.7	4.85	146.35	25.87	240.45
1992	14.2	96.31	5.64	189.83	29.81	335.79

续表4－4

年份	国家预算	国内贷款	利用外资	自筹投资	其他	投资总额
1993	18.93	114.71	21.83	319.11	65.21	540.2
1994	15.74	138.97	40.42	436.73	77.33	709.19
1995	19.91	146.54	56.82	557.87	158.18	939.32
1996	20.69	168.12	87.67	726.97	184.25	1187.7
1997	26.65	203.28	88.46	923.75	227.85	1469.99
1998	37.96	258.08	75.16	1029.92	250.03	1651.15
1999	65.36	283.15	43.7	977.94	427.81	1797.96
2000	65.34	321.19	36.79	1185.43	238.48	1847.23
2001	74.99	276.09	4.02	1288.15	298.65	1941.9
2002	71.4	265.85	18.23	1330.19	361.02	2046.69
2003	70.69	373.26	34.53	1718.92	332.98	2515.86
2004	89.28	495.11	61.35	2259.56	420.79	3251.65
2005	102.72	569.35	84.73	3024.11	449.86	4210.25
2006	98.79	637.99	76.96	4247.02	600	5661.09
2007	109.46	914.99	76.67	5455.45	684.01	7240.57
2008	186.28	944.52	103.95	7130.01	857.3	9222.07
2009	405.89	1595.04	85.06	9978.83	1239.64	13304.46
2010	373.5	2161.50	87.8	12331.80	1595.30	16550.00
2011	379.98	1655.76	111.58	14131.97	1767.75	18047.05
2012	472.93	1207.39	98.68	16658.12	1668.87	20105.99
2013	559.04	1550.96	88.82	19349.18	1883.78	23431.78

从表4－4可以看出，在形成固定资产投资的资金来源中，企业自筹投资是最主要的来源。在外源融资中，不考虑其他渠道的来源，除了外资利用的变化不是很稳定外，国家预算内投资和国内贷款一直呈上升趋势（国家预算内投资略有波动）。而且非常明显，国内贷款作为资本形成的主要渠道，其投资额与国家预算内投资的差距越来越大（见图4－4）。

固定资产投资中外源性资本的这种结构，表明通过金融体系提供的贷款占据了资本形成的主渠道，国家财政预算资金虽有增长却极为缓慢并且数额很小。二者差距的扩大，更凸显了金融中介机构在资本形成中的重要地位，或者说，正是金融中介机构对全社会储蓄资源的动员和使用才有力地支持了地区的资本形成，进而促进地方经济持续发展。这一现象的背后实际上是国家财政淡出投资，转而通过控制金融支持经济的事实。改革开放前，国家固定资产投资主要来自财政，

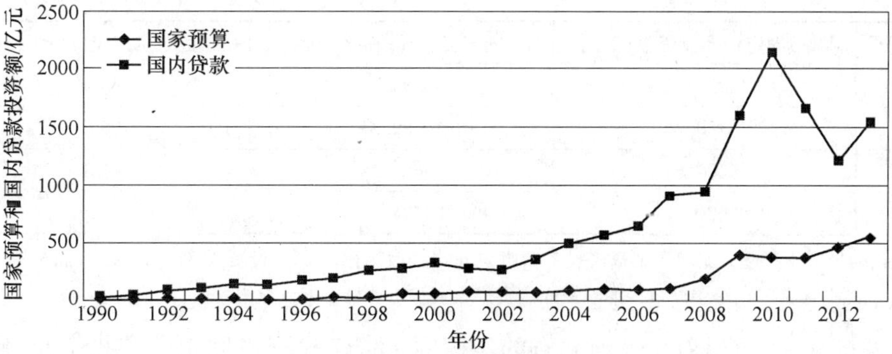

图 4－4 国家预算和国内贷款投资额

银行贷款主要作为流动资金。而随着改革开始对金融体系的重建，金融得到长足发展，经济货币化程度大大提高，金融在动员储蓄和转化投资的资本形成过程中成为核心。

表 4－4 还显示，作为内源性的资金来源，自筹投资在投资总额中是绝对的主体。表 4－4 提供的数据显示，自筹投资额在样本区间内一直呈上升趋势，与国家预算和国内贷款投资的差距不断扩大，2002 年之后的快速增长，反映其较强的持续生产能力。

4.1.3 城镇固定资产投资

固定资产投资按城乡差别可划分为城镇固定资产投资和农户投资。根据《河北经济年鉴》的统计数据我们编制出表 4－5。

表 4－5 城镇固定资产投资规模及占比

年份	城镇固定资产投资额/亿元	固定资产投资额/亿元	城镇固定资产投资所占比例/%
1999	1184.35	1797.96	65.87
2000	1211.8	1847.23	65.60
2001	1282.53	1941.9	66.05
2002	1353.9	2046.69	66.15
2003	1772.8	2515.86	70.46
2004	2441.98	3251.65	75.10
2005	3307.77	4210.25	78.56
2006	4403.23	5470.24	80.49
2007	5690.31	6884.68	82.65
2008	7463.77	8866.56	84.18
2009	10476.5	12269.80	85.38

续表 4－5

年份	城镇固定资产投资额/亿元	固定资产投资额/亿元	城镇固定资产投资所占比例/%
2010	12922. 66	15083. 40	85. 67
2011	15780. 26	16389. 33	96. 28
2012	19104. 63	19661. 28	97. 17
2013	22629. 77	23194. 23	97. 57

注：从 2011 年起，城镇固定资产投资数据发布口径改为固定资产投资（不含农户），固定资产投资（不含农户）等于原口径的城镇固定资产投资加上农村企事业组织的项目投资。

从表 4－5 可以看出，河北省的城镇固定资产投资占固定资产投资总额的比重一直在上升，1999 年城镇固定资产投资比重为 65. 87%，仅十几年的时间，该比重就增加至 2013 年的 97. 57%，如图 4－5 所示。

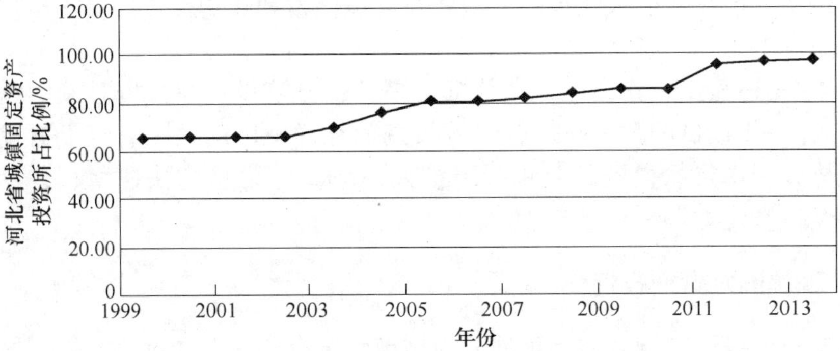

图 4－5　河北省城镇固定资产投资占比

图 4－5 显示河北省城镇固定资产投资占比不断提高，到 2013 年达到 97. 57% 的占比，农户投资在全社会固定资产投资中的比例极低。这一方面说明投资推动的经济增长主要靠城镇投资，另一方面也说明城市化进程的不断推进使一部分农户投资转化为城镇固定资产投资。与此同时，河北省将把城市群作为推进城市化的主体形态，以建设京津冀地区统筹协调发展的世界级城市群为目标，构建"环首都城市群、冀中南城市群和沿海城市带"的城市化空间发展新格局，城市化水平的进一步提高还会推动城镇固定资产投资的增长。

4. 2　江苏省投资现状

比照对河北省投资的分析思路，本节也主要针对固定资产投资对江苏省的投资现状展开分析。

4. 2. 1　固定资产投资的不同经济类型

根据《中国统计年鉴》和《江苏统计年鉴》的统计数据我们编制出表 4－6。

表4-6 江苏省按经济类型划分的固定资产投资 亿元

年份	国有经济	集体经济	个体经济	外资经济	投资总额
1990	146.2	75.12	156.21	15.92	356.3
1991	176.17	109.95	169.63	20.41	439.98
1992	280.61	296.39	163.32	40.56	711.7
1993	397.76	455.89	177.49	89.48	1144.2
1994	469.36	434.38	262.08	151.96	1331.13
1995	583.6	619.94	278.47	228.89	1680.17
1996	697.81	576.13	300.08	335.16	1949.53
1997	783.07	561.68	372.7	390.59	2203.09
1998	969.44	605.37	325.82	413.66	2535.5
1999	1052.78	549.66	361.75	309.02	2742.65
2001	1219.7	706.26	376.5	326.22	3302.96
2002	1422.05	827.25	464.43	421.21	3849.2
2003	1998.18	1244.54	574.15	579.51	5335.8
2004	2003.22	1557.94	897.99	641.66	6827.59
2005	2077.97	1349.04	2623.6	836.19	8739.71
2006	2015.72	384.91	272.09	1167.21	10069.22
2007	1961.14	398.65	336.93	1497.28	12268.06
2008	2326.52	494.58	338.82	1793.51	15300.55
2009	3381.65	694.94	377.03	1676.85	18949.87
2010	4054.10	850.5	409.4	1730.9	23184.30
2011	4556.44	1042.56	417.86	1948.03	26692.62
2012	5445.31	1213.23	404.92	2128.06	30854.24
2013	6034.95	1512.89	439.5	2314.38	36373.32

整个20世纪90年代是江苏省历史上投资增长最快的时期，也是投资带动经济增长的关键时期。从表4-6显示的历年固定资产投资额来看，国有经济投资在全社会固定资产投资中一直占有绝对主导地位。其投资额从1990年的146.2亿元攀升到2013年的6034.95亿元，23年间翻了40倍，而且一直都高于其他经济类型的固定资产投资额。在样本区间内，20世纪90年代国有经济在总投资中较为稳定，维持在40%左右，2003年降低到37%，之后十年国有经济的固定资产投资迅速下降，2013年的国有经济投资占比为17%，国有经济强劲的投资带动地区经济增长的模式成为过去式，详见图4-6。

国有经济投资占整个固定资产投资的比重由1990年的41%下降到2013年的17%，虽然在下降过程中略有一些小的波动，但总的趋势是其占比不断减少。国

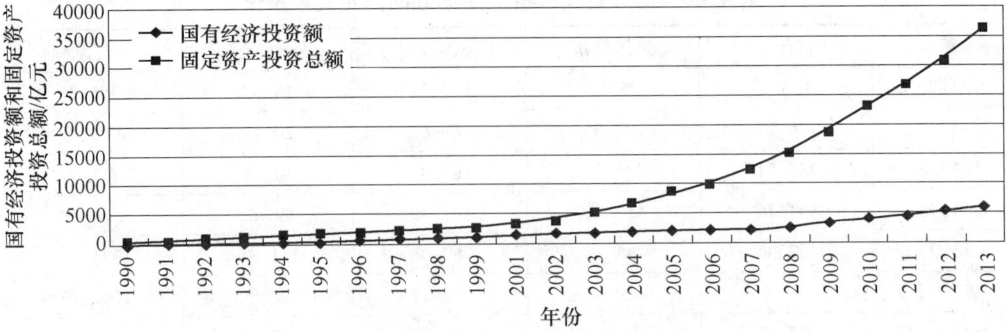

图 4 – 6　国有经济投资额和固定资产投资总额变化趋势

有经济占比的下降必然对应着其他市场化经济投资成分占比的提高。我们根据表 4 – 6 显示的数据，计算出各经济成分投资在总投资中的比重，并根据计算结果绘制成图 4 – 7。

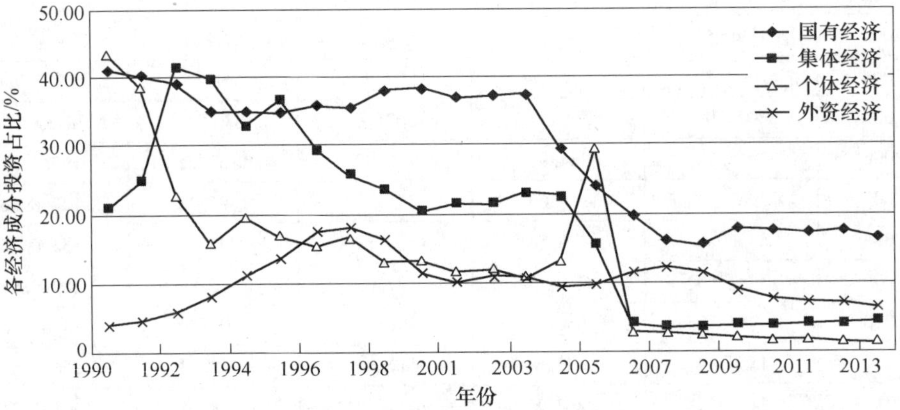

图 4 – 7　各经济成分投资占比

根据图 4 – 7 可以非常直观地看到，在样本区间的多数年份里国有经济占有绝对主体地位，只是在 1992 ~ 1995 年集体经济占比增大，一度超过国有经济，这也反映出当时江苏省集体经济的代表——乡镇企业的快速发展。即使在国有经济居主导地位的时候，集体经济也超过其他经济成分的投资而位居第二，只有 1990 年和 2005 年两个特殊的年份个体经济与股份制经济的投资最高（2005 年的数据口径不太一致而不具有说服力）。外商投资经济虽然在总投资中的比重不大，但 1992 年以后外资固定资产投资快速增长，在总投资中的比重也很快上升到 10% 以上，最高时达到 17.73%（1997 年）。同时我们也注意到，虽然投资的主体地位相对明显，但各成分所占比重相差并不是很大，多元化投资格局呈现比较稳定的状态。也就是说，在国有经济投资占比下降时，其他多种经济成分投资都明显上升，占比也平稳增大，与国有经济投资平分秋色。更具体的多种经济成分投资的分布见表4－7。

表4－7 多种经济成分投资额 亿元

年份	国有经济投资	股份合作投资	联营投资	股份有限公司投资	有限责任公司投资	私营投资	投资总额
2006	2015.72	54.56	15.25	405.52	2028.4	3029.06	10069.22
2007	1961.14	52.15	34.86	394.48	2538.37	4100.91	12268.06
2008	2326.52	56.89	34.74	553.95	2985.39	5418.51	15300.55
2009	3381.65	53.24	32.44	785.82	3781.14	6846.9	18949.87
2010	4054.1	91.3	28.6	979.1	4846.2	8387.2	23184.30
2011	4556.44	85.24	97.87	1298.54	5634.85	9624.42	26692.62
2012	5445.31	54.04	127.88	1631.67	6054.48	11259.46	30854.24
2013	6034.95	85.11	123.29	1587.11	6941.65	14780.29	36373.32

表4－7中数据显示国有经济、集体经济、个体经济、外商投资之外，还有更加市场化的投资主体，诸如有限责任公司、股份有限公司、联营、私营的多元化投资主体的投资纷纷呈现上升之势。考虑到股份合作投资和联营投资与其他经济成分投资规模差距悬殊，图4－8予以扣除，只列示国有经济投资、股份有限公司投资、有限责任公司投资和私营投资。

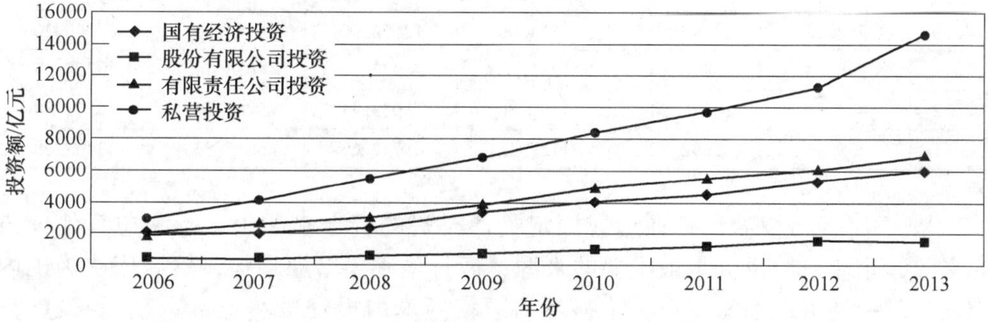

图4－8 多种经济成分投资额的变化

4.2.2 固定资产投资的不同资金来源

根据《江苏统计年鉴》的数据我们编制出表4－8。

表4－8 江苏省按资金来源划分的固定资产投资额 亿元

年份	国家预算	国内贷款	外资经济	自筹投资	其 他	投资总额
1990	15.02	45.47	15.92	106.47	173.42	356.30
1991	16.38	84.77	20.41	290.13	28.29	439.98
1992	24.37	189.49	40.56	378.30	78.98	711.70

续表 4 - 8

年份	国家预算	国内贷款	外资经济	自筹投资	其他	投资总额
1993	17.85	253.80	89.48	661.96	121.11	1144.20
1994	17.54	242.93	151.96	744.20	174.50	1331.13
1995	25.83	270.16	228.89	880.02	275.27	1680.17
1996	24.01	282.88	335.16	1001.29	306.19	1949.53
1997	29.63	293.66	390.59	1199.29	289.92	2203.09
1998	49.46	331.83	413.66	1406.39	334.16	2535.50
1999	62.91	399.36	309.02	1639.01	332.35	2742.65
2000	73.42	489.04	281.17	1827.79	324.01	2995.43
2001	69.97	524.51	326.22	1977.97	404.29	3302.96
2002	54.48	735.30	421.21	2237.73	400.48	3849.20
2003	92.61	1141.99	579.51	2999.19	522.50	5335.80
2004	81.30	1233.07	641.66	4201.29	670.27	6827.59
2005	67.60	1264.49	836.19	5826.89	744.54	8739.71
2006	66.59	1445.17	874.81	6797.45	1591.38	10775.41
2007	135.20	1561.07	1255.85	8521.18	2399.07	13872.38
2008	153.87	1908.91	1404.15	10774.47	2495.70	16737.10
2009	277.81	2774.45	1113.94	14063.87	4350.16	22580.23
2010	282.10	3343.50	1154.90	17552.90	4912.80	27246.20
2011	344.87	3778.14	1241.65	20972.76	4416.14	30753.55
2012	424.84	4646.94	1182.36	25033.41	5265.33	36552.88
2013	529.19	5092.82	1127.55	29797.69	6855.83	43403.08

从表 4 - 8 可以看出，在形成固定资产投资的资金来源中，不考虑其他渠道的来源，企业自筹投资是最主要的来源，而且呈逐年增加趋势，然后依次为国内贷款、利用外资、国家预算。很显然，国家预算内投资虽然也基本呈增长趋势，但增加有限，并且在总投资中的比重很小。国内贷款形成的投资额逐年增加，从 1990 年的 45.47 亿元上升到 2013 年的 5092.82 亿元，在总投资中的比重逐步增加，最高时临近 20%（2002 年），是外源性资金中最主要的投资来源，亦即资本形成的主要渠道，反映了金融体系对经济发展强有力的支持。外资经济投资在固定资产投资中的作用也非常明显，虽然在总投资中的平均占比没有贷款的占比大（贷款的平均占比为 17.24%，外资为 10.64%），但增速很快，在 1996 ~ 1998 年三年里超过贷款投资而成为重要的投资主体。如果将自筹投资、国内贷款和外资投资这三种主要的来源作比较的话，投资增长速度最快的是外资经济，平均增速为 35.09%，而自筹投资和贷款分别为 34.77% 和 28.56%，这也反映出江苏省在对外开放政策下招商引资的成绩斐然（见图 4 - 9）。

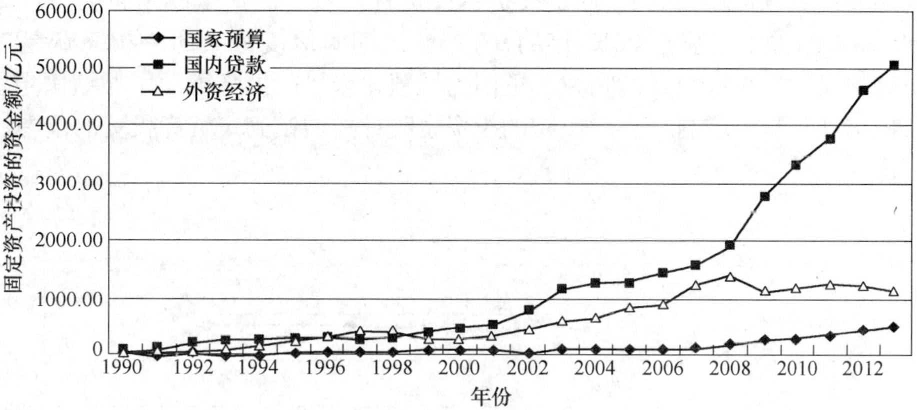

图 4－9　固定资产投资的资金来源分布

4.2.3　城镇固定资产投资

同样的，按城镇固定资产投资和农户投资来划分固定资产投资，根据《江苏统计年鉴》的统计数据我们编制出表 4－9。

表 4－9　城镇固定资产投资规模及占比

年份	城镇固定资产投资额/亿元	固定资产投资额/亿元	城镇固定资产投资所占比例/%
1999	1731	2742.65	63.11
2000	1813.5	2995.43	60.54
2001	1999.1	3302.96	60.52
2002	2559.9	3450.1	74.20
2003	4016.14	5335.8	75.27
2004	5008.21	6827.59	73.35
2005	6230.54	8165.4	76.30
2006	7481.8	10071.42	74.29
2007	9163.03	12271	74.67
2008	11609.71	15300.6	75.88
2009	14266.9	18950	75.29
2010	17418.94	23184.28	75.13
2011	26313.46	26692.62	98.58
2012	30473.74	30854.2	98.77
2013	35983	36373.32	98.93

注：从 2011 年起，城镇固定资产投资数据发布口径改为固定资产投资（不含农户），固定资产投资（不含农户）等于原口径的城镇固定资产投资加上农村企事业组织的项目投资。

从表4－9可以看到城镇固定投资占固定资产投资的比重越来越大。从2000年60.54%的占比直涨到2013年的98.93%，期间速度最大的一次飞跃是2011年。这不仅因为统计口径的拓宽，更因为城镇化水平的提高推动了城镇固定资产投资的增加，目前农村企事业组织的投资也统计在城镇固定资产投资的范围。

图4－10是根据表4－9所制。

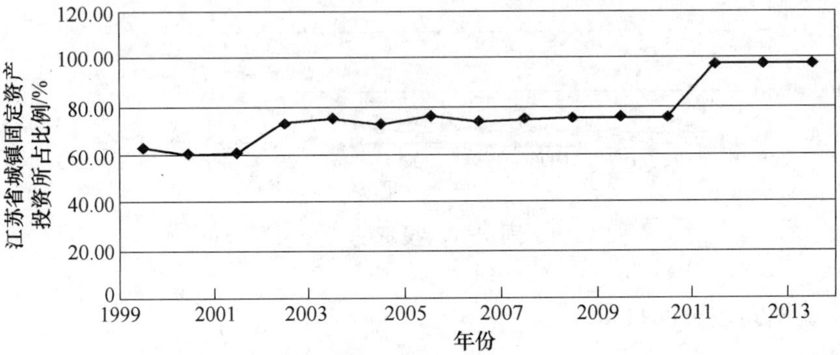

图4－10 江苏省城镇固定资产投资占比变化

近年来，城镇固定资产投资的增加促进城镇地域扩张，人口不断向城镇聚集，大规模投资促进城镇空间扩张，城市地域不断向外推进，城市建成区不断向外推进，农村向城市转化。江苏省本身乡镇企业发达，经济发展速度较快，消费结构不断升级，固定资投资中城镇化投资的增加更趋明显。

4.3 两省投资差异的分析

为反映两省在资本形成中的投资形成差异，我们按照前面的分析思路将两个省的投资现状加以比较。

4.3.1 投资水平比较

根据表4－1和表4－6中投资总额的数据，我们制成表4－10。

表4－10 两省投资总额比较

年 份	投资总额/亿元		人均投资额/元	
	河北省	江苏省	河北省	江苏省
1990	177.21	356.3	287.73	526.53
1991	240.45	439.98	386.58	642.90
1992	335.79	711.7	535.12	1029.78
1993	540.2	1144.2	852.86	1642.25
1994	709.19	1331.13	1110.19	1896.05

续表4-10

年份	投资总额/亿元		人均投资额/元	
	河北省	江苏省	河北省	江苏省
1995	939.32	1680.17	1459.25	2377.82
1996	1187.7	1949.53	1831.74	2741.89
1997	1469.99	2203.09	2252.86	3082.17
1998	1651.15	2535.5	2513.55	3530.13
1999	1797.96	2742.65	2718.42	3802.30
2000	1847.23	2995.43	2767.80	4088.07
2001	1941.9	3302.96	2898.79	4490.82
2002	2046.69	3849.2	3038.89	5215.03
2003	2515.86	5335.8	3716.74	7204.87
2004	3251.65	6827.59	4775.52	9186.13
2005	4210.25	8739.71	6145.45	11692.70
2006	5661.09	10069.22	8263.16	13269.93
2007	7240.57	12268.06	10496.62	16026.21
2008	9222.07	15300.55	13282.54	19811.67
2009	13304.46	18949.87	19039.01	24413.64
2010	16550.00	23184.30	23528.58	29681.60
2011	18047.05	26692.62	25086.25	33921.24
2012	20105.99	30854.24	27766.87	39065.89
2013	23431.78	36373.32	32151.18	45925.91

表4-10显示，整个样本区间内河北省的投资水平一直低于江苏省，并且差距在不断扩大。剔除人口因素的影响，计算出两省的人均投资额，其差距也是显而易见的，并呈不断扩大趋势，见表4-11和图4-11。

表4-11 两省人均投资额比较

元

年份	人均投资额之差	年份	人均投资额之差	年份	人均投资额之差
1990	238.8083	1998	1016.579	2006	5006.767536
1991	256.3223	1999	1083.887	2007	5529.582885
1992	494.6542	2000	1320.274	2008	6529.122882
1993	789.3925	2001	1592.026	2009	5374.63366
1994	785.8597	2002	2176.146	2010	6153.027377
1995	918.5654	2003	3488.136	2011	8834.982794
1996	910.1536	2004	4410.611	2012	11299.02088
1997	829.309	2005	5547.249	2013	13774.72907

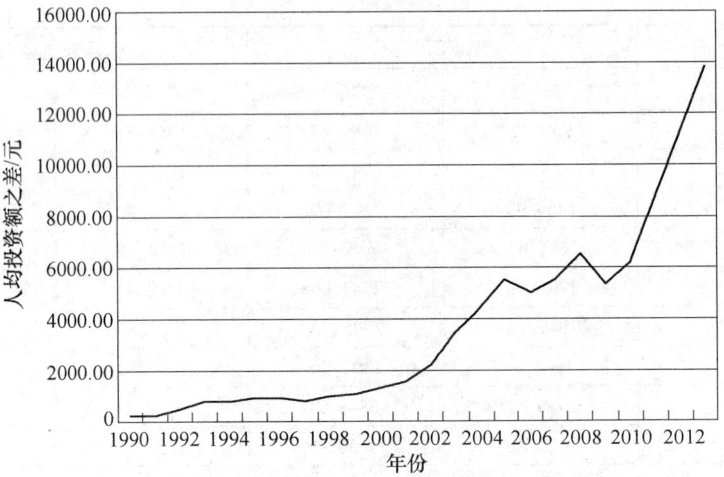

图4－11 人均投资额的两省差距

在投资推动的外延型经济增长模式下，投资形成量的显著差异显然是两省经济发展差异形成的重要原因。

4.3.2 投资结构比较

在总体投资水平存在较大差距的情况下，我们试图从投资结构的比较中来挖掘引起这种差距的根源。

4.3.2.1 国有经济投资

通过前面的分析已经知道，不管是河北省还是江苏省，都是国有经济投资在总投资中占较大比重，并随着经济投资主体多元化格局的形成其占比不断下降。但我们也注意到，同样的变化趋势下两省的国有经投资变化还是呈现出了不同的特点，我们制表4－12。

表4－12 两省国有经济投资的比较

年份	国有经济投资额/亿元		人均国有经济投资额/元		国有经济投资占比/%	
	河北省	江苏省	河北省	江苏省	河北省	江苏省
1990	116.44	146.2	189.06	216.05	65.71	41.03
1991	131.02	176.17	210.64	257.42	54.49	40.04
1992	200.39	280.61	319.35	406.02	59.68	39.43
1993	291.96	397.76	460.94	570.9	54.05	34.76
1994	336.19	469.36	526.28	668.55	47.40	35.26
1995	411.04	583.6	638.56	825.92	43.76	34.73

续表 4－12

年份	国有经济投资额/亿元		人均国有经济投资额/元		国有经济投资占比/%	
	河北省	江苏省	河北省	江苏省	河北省	江苏省
1996	507.24	697.81	782.29	981.43	42.71	35.79
1997	641.67	783.07	983.4	1095.53	43.65	35.54
1998	726.89	969.44	1106.55	1349.73	44.02	38.23
1999	811.46	1052.78	1226.88	1459.53	45.13	38.39
2000	827.66	1137.93	1240.13	1553.01	44.81	37.99
2001	775.95	1219.7	1158.31	1658.35	39.96	36.93
2002	724.02	1422.05	1075.01	1926.64	35.38	36.94
2003	831.38	1998.18	1228.22	2698.12	33.05	37.45
2004	1030.8	2003.22	1513.88	2695.22	31.70	29.34
2005	1215.51	2077.97	1774.21	2780.08	28.87	23.78
2006	1365.32	2015.72	1992.88	2656.46	24.96	20.02
2007	1496.53	1961.14	2169.51	2561.91	21.74	15.99
2008	1697.99	2326.52	2445.61	3012.46	19.15	15.21
2009	2630.46	3381.65	3764.25	4356.67	21.44	17.85
2010	3478.20	4054.10	4944.84	5190.25	23.06	17.49
2011	2873.99	4556.44	3994.98	5790.37	17.54	17.07
2012	3024.66	5445.31	4177.13	6894.54	15.38	17.65
2013	3439.83	6034.95	4719.85	7619.89	14.83	16.59

就整体的国有经济投资水平而言，江苏省历年投资额都远高于河北省，并且呈现出越来越大的差距。1990 年的差值只有不到 30 亿元，2013 年的差值已达 2595.12 亿元。为剔除人口因素的影响，我们计算了人均国有经济投资额，计算结果显示了较大的省际差距，图 4－12 就是对这一差距的很好反映。20 世纪 90 年代初期全国大规模高速度的固定资产投资以后经济增长得到了有力支撑，但到 20 世纪末固定资产投资降到低谷，经济疲软。伴随着这一变化趋势，江苏省和河北省的投资同期波动，但两省一直保持较稳定的差距。从 2000 年开始，江苏省的人均国有经济固定资产投资额与河北省的差距迅速扩大，由 2000 年 312.88 元的差距直升到 2003 年的 1469.9 元的高峰值，2005 年回落到 1005.87 元的水平以后，两省人均国有经济的投资差距开始缩小，从 2006 年的 663.58 元到 2010 年的 245.41 元，而 2006～2010 年正是江苏省多种经济成分投资迅速发展、高度市场化的时期，换句话说，江苏投资主体多元化和高度市场化推动了投资产出的增加。2011 年开始，两省人均固有经济投资的差距值又发生了显著改变，2011

年的差距值又急速上升到1795.39元，2012年为2717.41元，2013年为2900.04元。仅仅从投资数量上的增长来说明其对经济的影响是远远不够的，还需要更进一步的从国有经济投资占比的变化来揭示经济增长中的投资形成机制。

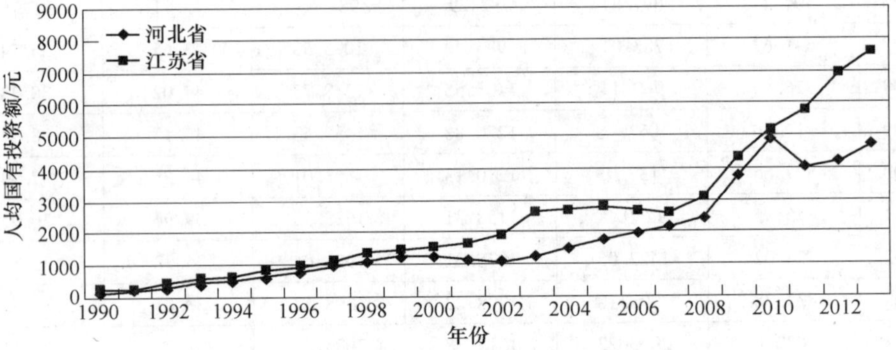

图4-12 两省人均国有经济投资额的比较

我们知道两省国有经济投资在总投资中的占比是呈不断下降趋势的，这一事实呈现在表4-12中。虽然占比都在下降，但不难看出，河北省国有经济投资的占比要高于江苏省，尤其是整个20世纪90年代。即使到2013年国有经济投资占比下降到最低水平，河北省的依然高于江苏省5个百分点。也就是说，在全社会固定资产投资中，虽然两省国有经济投资在总投资中占有较大比重，但占比水平表现出明显的不同——河北省经济更依赖于国有经济投资的有力支持，而市场化经济成分投资较为薄弱。

4.3.2.2 市场化经济投资

在判断经济市场化程度的标准上有很多口径，其中很重要的一个口径就是国家对资源的占有、分配和控制的程度，国家的控制程度越高则市场化程度越低。据此，我们把相对于国有经济的其他经济，如个体经济、股份制经济、集体经济、外商经济等经济类型暂归到市场化的经济成分里面，然后我们制作出表4-13。

表4-13 两省市场化经济成分投资的比较

年份	市场化经济成分投资额/亿元		市场化经济人均投资额/元		市场化经济投资占比/%	
	江苏省	河北省	江苏省	河北省	江苏省	河北省
1990	247.25	79.02	365.38	128.30	58.97	34.29
1991	299.99	123.59	438.34	198.70	59.96	45.51
1992	500.27	127.44	723.85	203.09	60.57	40.32
1993	734.80	158.05	1054.65	249.53	65.24	45.95

续表 4－13

年份	市场化经济成分投资额/亿元		市场化经济人均投资额/元		市场化经济投资占比/%	
	江苏省	河北省	江苏省	河北省	江苏省	河北省
1994	874.32	320.01	1245.37	500.95	64.74	52.60
1995	1161.49	493.18	1643.77	766.16	65.27	56.24
1996	1271.98	683.66	1788.96	1054.38	64.21	57.29
1997	1413.98	779.67	1978.19	1194.90	64.46	56.35
1998	1441.47	848.26	2006.93	1291.31	61.77	55.98
1999	1345.41	912.89	1865.22	1380.24	61.61	54.87
2000	1422.46	928.77	1941.33	1391.62	62.01	55.19
2001	1639.72	1059.07	2229.42	1580.94	63.07	60.04
2002	2059.04	1227.30	2789.66	1822.27	63.06	64.62
2003	3076.65	1472.05	4154.37	2174.69	62.55	66.95
2004	4203.09	1942.25	5655.02	2852.47	70.66	68.30
2005	6661.74	2681.23	8912.62	3913.63	76.22	71.13
2006	8053.50	4104.92	13269.93	5991.71	79.98	75.04
2007	10306.92	5388.15	16026.21	7811.18	84.01	78.26
2008	12974.03	7168.57	19811.67	10324.89	84.79	80.85
2009	15568.22	9639.34	24413.64	13794.13	82.15	78.56
2010	19130.20	11605.20	29681.60	16498.72	82.51	76.94
2011	22136.18	13515.34	33921.24	18786.96	82.93	82.46
2012	25408.93	16636.62	39065.89	22975.58	82.35	84.62
2013	30338.37	19754.40	45925.91	27105.38	83.41	85.17

从表 4－13 中显示的数据看，无论是总体投资水平、人均投资额，还是投资占比，河北省的市场化经济投资水平都远低于江苏省，而且两省之间的差距在近两年表现出扩大的趋势（见图 4－13），这反映出两省市场化程度的显著差异。

事实上，我们根据表 4－13 中的市场化经济投资数据观察，样本区间内河北省固定资产投资的整体市场化程度较低，江苏省则表现出较高的市场化水平。市场化经济成分投资渠道畅通、机制灵活、投资形成率高，体现出源源不断的资本形成过程。因此，我们有理由相信，江苏省发达的市场化程度是造成两省固定资产投资差异的重要原因。当然，近些年河北省的市场化投资水平和在固定资产投资中占比都显著提高，这无疑有助于投资形成率的提高，对经济的高速增长必将起到积极作用。

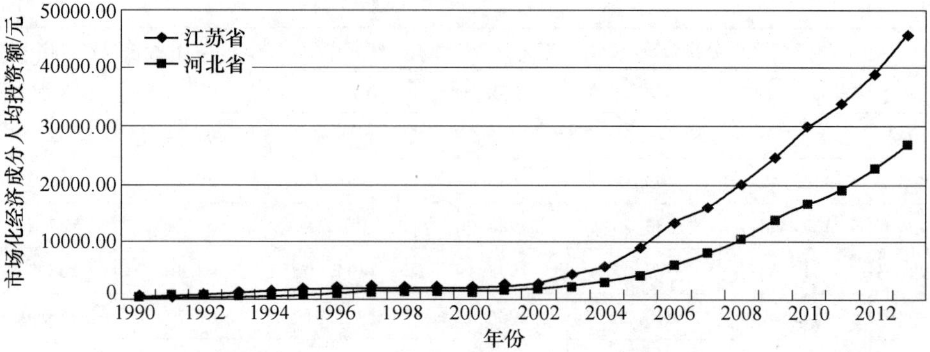

图 4－13　市场化经济成分人均投资额比较

为进一步考查市场化经济成分投资的结构差距，我们试图揭示两省外商投资的人均差距，见图 4－14。因为国家 1996 年起引进外商投资的重点开始由数量扩张转向质量提高，投资来源更加广泛，投资区域更加合理，这一阶段的外商经济投资更能反映地区经济发展的内生要求，所以我们选取样本时间从 1996 年开始。2005 年的数据因为质量较差，不能准确反映实际情况，没有列入样本区间。

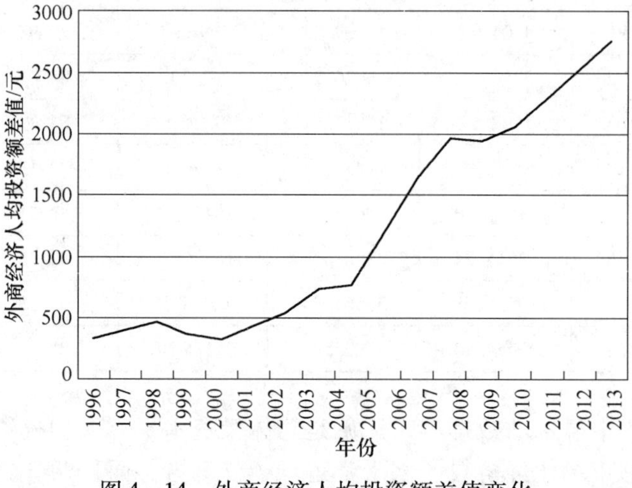

图 4－14　外商经济人均投资额差值变化

从图 4－14 可以直观地看到，外商经济投资的差值除了 2003 年和 2004 年以外始终高于其他经济成分投资的差值，从而凸显了外资在地区资本形成中的显著差距，江苏省的外商经济投资对带动省内资本形成发挥了重要作用。

4.3.2.3　国内贷款形成的投资

我们对国家预算、国内贷款和自筹投资在总投资中的占比经过计算制表 4－14。

表 4－14 固定资产投资的资金来源比较 %

年份	国家预算占比		国内贷款占比		自筹投资占比	
	河北省	江苏省	河北省	江苏省	河北省	江苏省
1990	7.60	4.22	19.73	12.76	53.33	29.88
1991	5.27	3.72	21.09	19.27	60.87	65.94
1992	4.23	3.42	28.68	26.62	56.53	53.15
1993	3.50	1.56	21.23	22.18	59.07	57.85
1994	2.22	1.32	19.60	18.25	61.58	55.91
1995	2.12	1.54	15.60	16.08	59.39	52.38
1996	1.74	1.23	14.16	14.51	61.21	51.36
1997	1.81	1.34	13.83	13.33	62.84	54.44
1998	2.30	1.95	15.63	13.09	62.38	55.47
1999	3.64	2.29	15.75	14.56	54.39	59.76
2000	3.54	2.45	17.39	16.33	64.17	61.02
2001	3.86	2.12	14.22	15.88	66.33	59.88
2002	3.49	1.42	12.99	19.10	64.99	58.13
2003	2.81	1.74	14.84	21.40	68.32	56.21
2004	2.75	1.19	15.23	18.06	69.49	61.53
2005	2.44	0.77	13.52	14.47	71.83	66.67
2006	1.75	0.62	11.27	13.41	75.02	63.08
2007	1.51	0.97	12.64	11.25	75.35	61.43
2008	2.02	0.92	10.24	11.41	77.31	64.37
2009	3.05	1.23	11.99	12.29	75.00	62.28
2010	2.26	1.04	13.06	12.27	74.51	64.42
2011	2.11	1.12	9.17	12.29	78.31	68.20
2012	2.35	1.16	6.01	12.71	82.85	68.49
2013	3.43	1.22	1.70	11.73	82.58	68.65

从表 4－14 数据来看，两省固定资产投资中自筹投资始终占据主体地位，国内预算投资占比最小，这是因为我国改革开放以后财政资金逐渐退出投资所致。国内贷款作为外源性资金来源的主体，反映了财政退出后金融体系在资本形成中的重要地位。但就两省相比来看，结合其他资金来源渠道，似乎河北省固定资产投资的形成更依赖于银行贷款。

4.3.3 两省固定资产投资的城镇化水平比较

为分析两省城镇化水平对固定资产投资的影响做出比较，根据表4－5和表4－9关于两省城镇固定资产投资规模及占比情况制表4－15并绘图4－15。

表4－15 两省城镇固定资产投资规模及占比的比较

年份	江苏省城镇固定资产投资额/亿元	河北省城镇固定资产投资额/亿元	江苏省城镇固定资产投资占比/%	河北省城镇固定资产投资占比/%
2000	1813.5	1211.8	60.54	65.60
2001	1999.1	1282.53	60.52	66.05
2002	2559.9	1353.9	74.20	66.15
2003	4016.14	1772.8	75.27	70.46
2004	5008.21	2441.98	73.35	75.10
2005	6230.54	3307.77	76.30	78.56
2006	7481.8	4403.23	74.29	80.49
2007	9163.03	5690.31	74.67	82.65
2008	11609.71	7463.77	75.88	84.18
2009	14266.9	10476.5	75.29	85.38
2010	17418.94	12922.66	75.13	85.67
2011	26313.46	15780.26	98.58	96.28
2012	30473.74	19104.63	98.77	97.17
2013	35983.32	22629.77	98.93	97.57

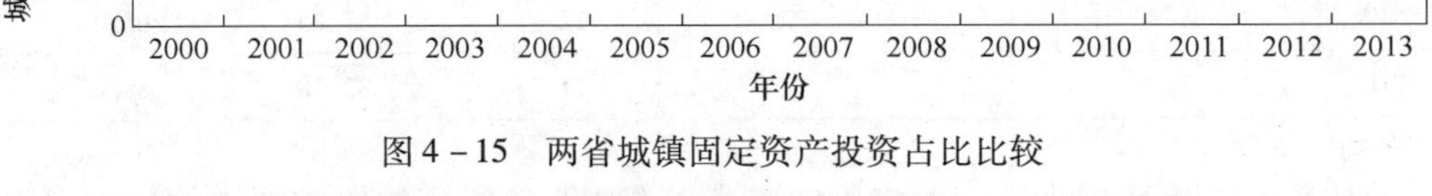

图4－15 两省城镇固定资产投资占比比较

我国城镇化的发展已经到了加速起飞阶段，对于城镇化的探究成为热点。以往对城镇化的研究只是从人口角度进行出发，但是城镇化不仅包括人口的转换和集中，也包括地区经济结构的转换过程和城镇地域空间结构的转换过程，仅从人口角度研究不能全面反映其过程。自20世纪70年代以来，新马克思主义者学派如哈维等人从资本循环的角度研究城市化，并提出衡量城镇动态环境变化的多项指标，如固定资产投资额等。重大投资项目的实施也会刺激当地出现新城市。投资规模尤其是新建项目的投资规模越大，所需要的土地就越多，城市外扩的速度就越快。一般而言，大型投资项目具有投资多、周期长和涉及行业部门广的特点，比小型项目对当地城镇化发展影响更大，甚至会促进新城镇的产生，所以说城镇固定资产投资额在一定程度上可以反映出该省份的城市化水平。

从表4－15可以看出，两省城镇固定资产投资额的绝对值以及所占比重都是上升趋势，这说明城市化正在成为一种趋势。通过对比，显然河北省的城镇固定资产投资额要低于江苏省，而且差额越来越大，然而从1999年开始河北省的城镇固定资产的比重从总体来看要高于江苏省，但是截止到2011年江苏省的比重明显增加，且超过了河北省，这与2011年统计口径的改变，农户固定资产投资额从投资总额中扣除有很大关系。虽然河北省的城镇固定资产投资占比要高于江苏省，但是我们不能就能盲目地得出河北省的城市化水平要高于江苏省，因为江苏省的固定资产投资总额是远高于河北省的，这也是使得江苏省城镇固定资产投资所占比重较低的一个重要因素。

4.3.4 总结

为揭示两省投资形成的较大差距，我们对两省固定资产投资的经济成分展开了比较。在比较中发现，两省共有的特征是国有经济投资在固定资产总投资中的比重呈现不断下降趋势，其他多种市场化经济成分如个体经济、股份制经济、外商经济、集体经济投资逐年增加，充分反映了两省经济转轨时期市场化改革的成效和对外开放程度的提高。但从投资结构的增长上来看，两省表现出很大的差距。江苏省国有经济对固定资产投资的控制程度远低于河北省，多种市场化经济成分投资由于其灵活的机制、通畅的资本形成渠道，在带动高水平的总投资形成上做出了重要贡献。河北省的固定资产投资主要还是受国有经济控制，国家行政控制机制僵化、资金资源有限、资本形成率低，从而在投资形成数量上表现出较低的水平。但近些年市场化经济类型的投资规模和投资比重都显著提高，这将有利于改善国家行政的控制强度。如果再深入观察市场化经济投资成分构成的话，可以发现两省外商经济投资表现出的差距最大，这反映了江苏省资本形成机制中外资的重要地位。从固定资产投资的资金来源上来看，由于财政淡出投资，国内贷款和外资的利用就成了外源资金中主要的资金来源。但正如上面的分析所表明的那样，江苏省外资的利用度远高于河北省，充分体现了市场化的资本形成机制。而即使是对贷款的使用，也由于金融机构的较高市场化（第5章将会进一步论及）而提升了资本形成的市场化程度。河北省则因为资本形成的资金来源渠道狭窄，除了自筹投资以外主要依靠国内贷款。在市场化经济投资滞后的情况下，贷款资源的分配又主要出自国有金融机构，体现了金融体系的低市场化水平。

总体而言，正是由于经济市场化程度的不同，形成了两省投资水平的较大差距。

4.4 两省投资机制的差异分析

根据上一节比较分析的结果，我们得出一个初步的经验性的结论：市场化经济投资在带动两省投资形成中具有明显的差距。对此，本节主要针对市场化程度的不同来分析两省投资机制的差异。

已有研究表明，市场化经济投资由于存在价格机制、利润驱动机制、收益分享机制、风险机制等的影响，可以引导而不是干预投资主体的行为方式，投资者投资什么、投资多少以及怎样投资完全是投资者个人的私事，投资的收益分享和风险承担也完全由投资的市场结果来裁决，因而表现出较为通畅的投资渠道和较高的投资效率。由于市场化经济投资本身并不包含任何引导的倾向性，因此常常体现为投资主体多元化、投资决策多层次、投资方式多样化、投资来源多渠道，更多地依靠市场机制作用和经济杠杆的发挥来调节资本要素的配置，以实现投资资源的高效形成和使用。而在政府主导的国有经济投资中，往往体现出经济政策及政府调控的倾向性，反映的是政府根据某一时期宏观经济目标的实现状况对投资主体行为的一种诱导，包含着明显的政府意愿。国有经济投资主体作为政府投资的实施者，投资决策权高度集中在政府手中，无论是扩大再生产的项目，还是维持简单再生产的项目，都必须按其规模的大小经过政府的行政性审批，投资形成僵化且效率低下。相比两种不同的投资形成机制，市场化经济投资具有更明晰的资源产权关系、更完整的主体层次和结构、更有效的资源协调方式，因而更加适应市场经济的要求，体现出更大的合理性和效率性。

显然，江苏省存在着较大的市场化经济成分投资，按照一般的逻辑，必然会产生较高的投资效率。为验证这一点，我们选择“增量资本产出率”指标来反映两省的市场化投资效率，增量资本产出率 = 市场化投资增加额/GDP 增量。根据该公式和已有的统计数据，我们计算出增量资本产出率并根据计算结果绘制成图 4－16。

从图 4－16 可以看出，在样本区间的多数年份里，江苏省的增量市场化资本产出率都高于河北省，总体上反映出江苏省较高的市场化投资带来的高产出水平。尤其是 2002 年以后，江苏省的增量市场化资本产出率迅速提高，显示出近些年市场化程度提高导致的较高产出量。显然，在市场化投资形成机制推动整体投资水平和投资效率提升的同时，经济的产出水平在投资推动的外延型经济增长模式下得到了较大的提升。进一步的，经济产出水平的增长，又为更多的资本形成积累了坚实的储蓄基础，这一点在第 3 章已经有数据显示并做过相应的分析。

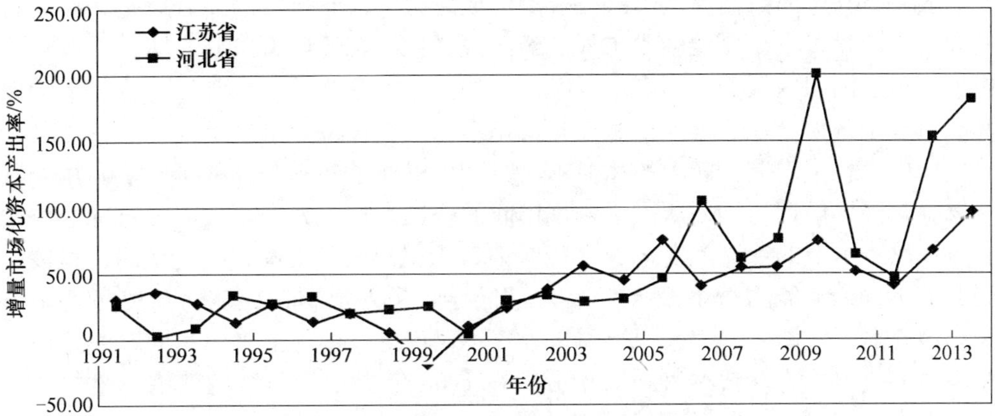

图4-16 两省增量市场化资本产出率

这样，在市场化投资的推动下，资本形成便进入了良性循环的轨道：市场化程度越高—资本形成数量和效率越高—经济产出水平越高。经济产出水平的提高一方面推动市场化投资的进一步形成从而进入新的良性循环，另一方面通过提高储蓄率为资本积累提供坚实的物质基础。这样，市场化的资本形成便源源不断，周而复始。

在考查市场化经济投资的结构差距时，我们知道两省外商经济投资表现出的差距最大，江苏省的外资利用在其资本形成机制中占据重要地位，见表4-16。

表4-16 两省外商经济投资占比比较 %

年份	江苏省外商投资占比	河北省外商投资占比	年份	江苏省外商投资占比	河北省外商投资占比
1990	4.47	4.45	2002	10.94	0.89
1991	4.64	2.02	2003	10.86	1.37
1992	5.70	1.68	2004	9.40	1.89
1993	7.82	4.04	2005	9.57	2.01
1994	11.42	5.70	2006	11.59	3.30
1995	13.62	6.05	2007	12.20	3.22
1996	17.19	7.38	2008	11.72	3.67
1997	17.73	6.02	2009	8.85	2.20
1998	16.31	4.55	2010	7.47	1.69
1999	11.27	2.43	2011	7.30	1.89
2000	9.39	1.99	2012	6.90	1.68
2001	9.88	0.21	2013	6.36	1.68

表4-16中的数据反映了两省投资形成总额中外商投资的显著差距，江苏省的固定资产投资中充分地利用了外商经济投资。已有的理论研究表明，外商经济投资对东道国国内投资的影响十分突出。罗森斯坦·罗丹（1961）等人提出的储蓄缺口理论认为，在资本产出系数相对稳定、投资规模可求的条件下，一国在经济发展中出现国内储蓄能力的相对不足时，可以通过外资来弥补。由于利用外资能够弥补国内储蓄与计划所需投资规模间的缺口，从而为实现预期的目标经济增长率提供资本上的保障。麦金农（1964）等人提出的外汇缺口理论认为，发展中国家的出口创汇能力低下及外汇收入过低导致了外汇缺口，从而约束了经济增长。因此对于发展中国家来说，引进外资不仅仅是一种外汇来源，同时还可以扩张一国的进口能力。钱纳里和斯特劳特在1966年提出了著名的两缺口理论，认为发展中国家的经济发展不仅受到储蓄缺口的约束，而且受到外汇缺口的限制，利用外资来填补缺口则可以有效缓解经济发展中的瓶颈约束，弥补东道国经济起飞所需要的资本缺口和外汇缺口，进而提高国内的投资水平。

江苏省是全国开放型经济发展最快、最有成效的省份之一，在利用外资方面成绩斐然。2003年江苏省首次超越广东成为FDI（外商直接投资）年流入最多的省份，苏南地区已成为全国各地学习如何成功引资的基地。国内学者对江苏利用外资的理论研究也表明，江苏省外商直接投资与国内投资作为投资的重要组成部分，在当地经济增长中发挥了极大的带动效应，而且随着经济开放程度的不断扩大，FDI对经济增长的带动效应也在不断扩大。大量事实证明，FDI对整个江苏省经济发展作出了重要贡献，江苏经济的发展已对FDI有较强的依赖性。相比而言，河北省在外资的利用上比江苏的规模要小得多，还没有充分发挥外资在经济增长中的推动作用。

在对固定资产投资的资金来源比较中，我们发现河北省资本形成的资金来源渠道比较狭窄，除了自筹投资以外主要依靠国内贷款。在经济发展的市场化程度较低的情况下，河北省的贷款资源分配也主要出自市场化程度较低的国有金融机构，这将在第5章论及。事实上由于市场化程度较高的金融机构带着利润最大化目标，要根据“三性”原则慎选贷款项目，很少将贷款投放于固定资产投资领域，只有带着双重目标（利润最大化目标和对经济实行金融支持的目标）的国有金融机构在实施政府宏观意图时才会例外。因此，河北省固定资产投资对国内贷款的依赖性也许在一定程度上也反映了其金融发展水平较低的现状。

5

区域视野下的储蓄-投资转化机制与效率

5.1 储蓄转化为投资的机制

相对于储蓄动员和投资的形成来说，储蓄向投资的转化机制是最复杂也是多样的。其从转化方式来看，可以划分为直接转化机制和间接转化机制；从转化过程中机制发生的媒介主体来看，又可分为财政转化机制和金融转化机制；从发生作用的经济因素来看，又可分为税收机制、利率机制、金融机制（市场和工具）、关税机制、汇率机制等。本章对机制的分析主要从媒介主体角度展开，即财政机制和金融机制。

5.1.1 财政机制

财政机制的作用主要体现在通过财政政策和税收政策对国民收入的分配，影响储蓄的形成并影响储蓄向投资转化的规模。具体地讲，主要体现在以下三个方面：

（1）通过财政收支机制形成政府储蓄和政府投资并决定其规模。政府储蓄是政府收入中扣除经常性支出后的剩余部分。政府投资则主要来源于政府储蓄，在政府储蓄不足的情况下，政府通过发行债务赤字政策形成政府投资。

（2）将居民部门和企业部门的收入及储蓄转移到政府部门，并通过财政分配作用形成政府或企业部门的投资。财政在通过税收取得收入时，实际上减少了居民部门和企业部门的现期收入，从而减少了民间部门的储蓄来源。财政在通过债务取得收入时，直接将债务持有人的储蓄转移到政府部门。政府在国外部门发行债务时将资金引入国内，政府在使用外债时最终将增加进口，如果财政外债的使用在短期内并没有带来出口的增长，则国家以财政信用的方式扩大了外国储蓄。

（3）通过政府的财政政策对民间部门储蓄-投资行为产生影响，如税收政策、社会保障政策等不仅影响居民的储蓄行为，而且也影响企业部门的保留盈余的分配政策，进而影响企业储蓄和居民储蓄。

在我国传统的计划经济下，财政机制在储蓄－投资转化中一直起主导作用。有的经济学家认为这种转化方式对于不发达经济的快速成长有着积极作用，关键原因在于以财政为主导的机制能带来较高的储蓄率和投资率。持这种观点的代表人物有威尔伯，他认为政府部门通常比居民部门和企业有更高更长远的眼界。因此，由政府主导或操纵储蓄和投资能够使储蓄更多地流向最有用的生产性投资领域，有利于压低消费水平以获得更高的储蓄率和投资率，也有利于形成技术含量高的资本，以形成进一步增长的基础。当然也有反面的声音对此提出异议，认为财政的过多介入会引起价格的扭曲，无法判断投资项目的效益。更何况计划的投资过程往往和实际的不一致，国家也并不比居民和企业有更高的境界能实现资源的最优化配置。我们的观点是，一种机制总是在带有优越性的同时配备着负面的效应，关键是看如何选择并利用好适用的经济背景条件。

5.1.2 金融机制

在储蓄－投资转化中，金融机制以金融工具交易和借贷关系为核心，促进储蓄的生成并促进储蓄向投资的转化。金融机制由金融机构、金融工具和金融市场三个基本要素构成。通过金融机构的服务和金融工具的交易，各个储蓄主体和投资主体在金融市场上按照效益原则发生关系，并实现储蓄向投资的转化。

储蓄－投资转化的金融机制包括直接金融和间接金融。直接金融是指最初的储蓄者和最终的投资者通过金融工具的交易，完成储蓄向投资的转化。间接金融是指最初的储蓄者将储蓄转移到金融机构，并得到对金融机构的债权，再由资金的最终需求者向金融机构借款，并将借款转化为投资。在金融市场上，储蓄者和投资者可利用货币市场，转化短期性、交易性的货币储蓄；利用借贷市场，通过银行信用转化投资；利用资本市场，通过证券机构投资者转化资本性投资。由于有组织的机构投资者在转化过程中的资金变易成本最低，选择性最强，可交易性最大，风险最小和社会化程度最高，因此金融机制逐渐成为市场经济中储蓄－投资转化的主导机制。在金融机制中，直接金融转化和间接金融转化发挥着同等重要的作用。

相比较而言，财政机制是以强制性分配为主，其税收、赤字等手段具有很高的强制性。同时，财政机制仅涉及民间部门的储蓄向政府部门的投资转化，无法介入居民部门和企业部门之间的储蓄－投资转化。而金融机制是一种市场交易机制，不论是直接金融转化还是间接金融转化，储蓄转化为投资均需要资金盈余者和资金需求者在自愿的基础上进行交易。而且金融机制使所有部门的储蓄者和投资者都可以汇集在一起，通过金融工具的交易完成储蓄－投资的转化。

从两者的差异中可以看出，如果经济运行是以市场体制为基础，则金融机制应是储蓄-投资转化的主体机制。我国经济正处于转轨时期，改革目标就是要建立起经济运行的市场化体制，金融机制在实现投资转化中发挥越来越重要的作用，本章专门对两省资本形成中的金融机制展开对比分析。

5.2 资本形成的金融机制

5.2.1 动员储蓄的金融机制

5.2.1.1 金融中介的动员机制

居民储蓄的最终目的是通过储蓄实现一生（或较长期）效用最大化，居民不仅可以从储蓄中获取收益来提高总收入和消费水平，而且还可以平滑消费，减少未来收入的不确定性所带来的不利影响。无金融中介时，居民储蓄只能以实物、现金和直接投资等形式存在，实物和现金是没有收益的，直接投资也因高风险、高交易成本使投资收益大受影响。与此相比，金融中介的存在，因其具有交易成本、风险管理、信息等优势，不仅可以向居民提供既有较高的流动性、安全性，又能保证有稳定收益的金融工具（存款），还能够根据经济形势和不同投资主体的需求，提供各种金融工具和理财产品，满足居民储蓄对金融资产风险收益特征的要求，实现消费剩余向储蓄的充分转移。所以，金融中介对居民储蓄有很强的动员能力，居民的储蓄倾向也由此而大为提高。下面我们运用戴蒙德和戴维格（1983）提出的D-D模型，从流动性转换功能的角度来分析存款类金融中介机构动员储蓄的作用机制。正如流动性约束理论所解释的那样，流动性约束的存在提高了居民的储蓄倾向，而金融中介的存在则通过动员储蓄满足了居民储蓄的流动性要求。

D-D模型中的银行（广义的银行，即存款类金融中介机构）为储蓄者提供活期存款合约，同时向借款人提供非流动性贷款，因而承担着将非流动性资产转换为流动性负债的流动性转换职能。在戴蒙德和戴维格看来，这相当于为储蓄者提供了一种流动性保险，允许他在最需要的时候消费。D-D模型证明了银行提供的活期存款合约能为要求在不同时间进行消费的人们提供更为有效的风险分担形式，并能改善竞争性市场的效率，或者说银行融资相对于市场融资的优越性。这里用博弈论的标准形式证明不同融资方式下的占优均衡。

假定有两个储蓄者，两人均在银行有存款 D，银行将其存款投资于长期项目。如果储蓄者在项目到期前提款，银行被迫清算其投资，收回 $2r$ 的款项，其中 $D>r>D/2$；如果储蓄者在项目到期后再提款，银行可获得 $2R$ 的收益，$R>D$。假定银行从投资项目中得到的收益全部支付给储蓄者，且不考虑贴现问题，储蓄者有可能在下面两个日期从银行提款：一是在银行投资项目到期以前，称为时期1；二是在银行投资项目到期之后，称为时期2。在时期1，两储蓄者是否提款有四种策略组合（见图 5－1）。

		存款人B	
		提款	不提款
存款人A	提款	r，r	D，$2r-D$
	不提款	D，$2r-D$	下一阶段

图 5－1　提款策略组合 1

如果两个储蓄者都提款，则每人都得到 r，博弈结束，两储蓄者的策略是（提款，提款），其收益是（r，r）；如果两人都不提款，则博弈进入下一阶段，项目可完工；如果其中一个提款，他可得到 D，而项目同样被迫中断，银行收益为 $2r$，另一个储蓄者只能得到 $2r-D$，这时两储蓄者的策略分别是（提款，不提款）和（不提款，提款），收益是（D，$2r-D$）和（$2r-D$，D）。由 $r<D$，有 $2r-D<r$，后两种策略中不提款的一方如果改变策略而提款，其收益由 $2r-D$ 增加到 r，所以提款是不提款的占优策略，如果不考虑两人都不提款，博弈进入下一阶段这种情况，那么，这种博弈就是类似于囚徒困境的完全信息静态博弈，纳什均衡策略为（提款，提款），其收益为（r，r）。但下面的分析表明，如果博弈进入下一时期变成动态博弈，那么均衡可能不止一个。

如果两储蓄者都不提款，博弈进入第 2 时期，银行投资项目可完工，共有 $2R$ 的收益，两储蓄者同样有四种策略组合（见图 5－2）。如果两储蓄者都提款，各得收益 R，两人的策略是（提款，提款），收益是（R，R）；如果两人都不提款，银行所得收益由两人均分，各得收益 R，两人的策略是（不提款，不提款），收益是（R，R）；如果其中一个人提款，可得收益 $2R-D$，剩余收益 D 留给不提款的储蓄者，两人的策略是（提款，不提款）和（不提款，提款），收益是（$2R-D$，D）和（D，$2R-D$），由 $R>D$，有 $2R-D>R$，所以提款是不提款的占优策略。因此，时期 2 的博弈是一个纳什均衡博弈，纳什均衡为（提款，提款），其收益为（R，R）。

		存款人B	
		提款	不提款
存款人A	提款	R，R	D，$2R-D$
	不提款	D，$2R-D$	R，R

图 5－2　提款策略组合 2

如果不考虑贴现，可将时期 2 的纳什均衡收益替换到时期 1 中，从而将这一两时期的动态博弈变为时期 1 的静态博弈（见图 5－3）。使用箭头法可以判断，这一新的博弈有两个均衡策略组合，即（提款，提款）和（不提款，不提款）。

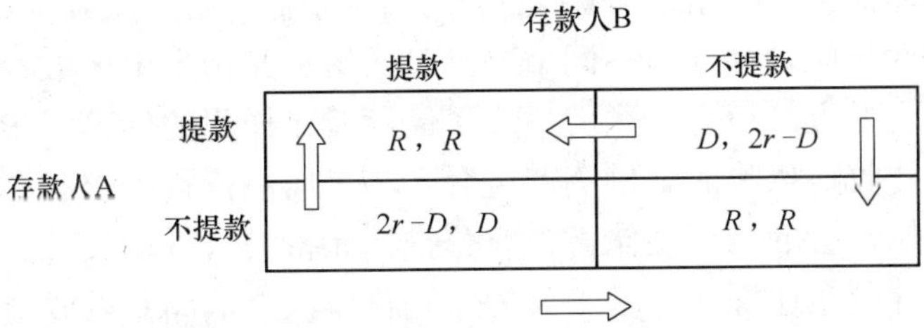

图 5－3 时期 2 替换到时期 1 后的博弈

以上分析可以得出两个结论：

（1）如果储蓄者不同时提款，金融中介的存在不仅通过把储蓄投资于项目为储蓄者获得较稳定的收益，而且还可以通过流动性转换功能为其提供流动性便利，在储蓄者面临流动性约束时及时变现存款，从而提高储蓄者的总福利。换句话说，银行中介提供的流动性、安全性强又有稳定收益的存款合约对居民来说具有较强吸引力，可使其只要保留较少的流动性资产（相对于无金融中介的情况），而将其余资金全部用于投资，同时还减少了资本提前出清的可能，利用其规模优势获得较高收益，这对资本积累是极为有利的。

（2）如果储蓄者对银行信心动摇而同时进行恐慌性提款，就会出现挤提，银行将面临灾难性的打击，同时也会牵连到储蓄者的利益，所以存款保险或政府担保对金融中介来说是必不可少的。

5.2.1.2 金融市场的动员机制

A 金融市场自身对储蓄的影响

假定长期边际消费倾向为常数时，金融市场可通过影响居民实际可支配收入来刺激消费需求的增长，即金融市场具有财富效应。财富效应导致居民实际收入的增加有两条途径：一是金融资产价格上涨直接使居民储蓄者获得资本利得，它事实上构成了居民可支配收入的一部分，股票市场的持续上升使消费者的收入预期增加，现期消费随之增加，储蓄减少，从而储蓄率降低；二是金融资产价格上涨还会通过改善企业经营状况、扩大就业等间接影响居民的收入，从供给的方面来刺激消费需求的增长，降低储蓄率。金融市场的发展，一方面可适当加快企业上市融资的速度，降低企业融资成本，另一方面促进社会资本资源向优势高效企业集中，进而从总体上提高企业的经营业绩，同时有助于企业通过制度创新，建立规范化运作的公司治理结构，从根本上解决企业的效益问题。值得注意的是，这里谈到的储蓄率下降是因为消费增长而下降的储蓄，主要是预防性储蓄，事实上预防性储蓄的减少又会在一定程度上转化为投资性储蓄，因此可以得出这样一个结论：金融市场的财富效应改变了储蓄结构，但是否降低了储蓄率还不明确。

金融市场还提供了丰富的金融工具，不同的金融工具代表了不同的偿还期、流动性、收益性与风险性，而不同金融工具的搭配又衍生出无数种具有不同风险－收益关系的金融资产组合，这就适应了储蓄者多样化的储蓄需求。金融市场正是通过提供不同收益风险的金融资产组合，满足居民投资需求和资产组合管理的需要，来增加储蓄者的投资性储蓄，充分挖掘储蓄潜力，动员社会储蓄。金融工具对储蓄供给的刺激还源于金融工具的差别化可以降低储蓄的收益风险。储蓄者购买或持有金融工具面临违约风险、市场风险等，对风险疏于防范的最大惩罚是储蓄者的储蓄价值的净损失。金融工具的差别化向储蓄者提供了防范风险的手段，增加了既定数量下净储蓄的边际实际报酬，从而鼓励了储蓄意愿与储蓄行为。

消费者受流动性约束更愿意持有较高流动性的资产，而金融市场在提供流动性便利方面很好地满足了这点需要。有了流动的资本市场，储蓄者才愿意持有股票、债券等流动性资产，在他们想变现时可以迅速地、轻易地卖出，免受流动性冲击。资本市场才能将这些流动性金融资产转化为长期投资，解决储蓄者不愿意放弃对储蓄的控制权而导致的高收益项目的长期资本短缺问题。很显然，正是由于市场提供的这种流动性便利，大大地促进了居民的储蓄倾向。

B 金融市场发展对储蓄的影响

金融市场的发展改变了长期边际消费倾向为常数的假定。一般认为，长期边际消费倾向为常数，而短期边际消费倾向由于受可支配收入、利率、经济及股市景气等因素影响，可能会产生明显变化。事实上，随着金融资产价格的上涨，消费者心理上会产生一种将股票收入由暂时性收入转为“持久性收入”的预期，因而对未来经济发展的确定性预期就会增加。这种预期的良性变化将改变既定的边际消费倾向，即使在可支配收入不变的情况下，也会促使居民扩大消费支出，降低储蓄。20世纪90年代以来，由于股票市场持续增长带来的“财富效应”刺激了美国的消费需求，再加上高就业率所引起的可支配收入的增加，使得边际消费倾向增大。斯蒂格利茨（1997）通过实证研究得出20世纪40～50年代初美国的边际消费倾向处于0.8～0.9之间，而20世纪90年代初则处于0.9～0.97之间，这表明边际消费倾向是递减的。

金融市场发展对储蓄的影响类同于对消费的影响，消费与储蓄存在此消彼长的关系，消费倾向的递增即储蓄倾向的递减，这就意味着金融市场的发展在一定程度上降低了储蓄率，不利于资本的积累。同时，伴随金融市场的发展，逐步建立的保险市场降低了居民预防性储蓄的动机，进而降低了储蓄率。消费信贷和抵押贷款等其他融资方式的出现，便利了居民对消费的跨期平滑，居民的储蓄倾向也因此降低。当然，如果以股市为代表的资本市场过度膨胀、超常繁荣导致总需求的过度膨胀，就会产生“泡沫经济”，极易引发危机事件，从而危害经济增长。

以上分析似乎更多地支持这样一个结论：金融市场不利于储蓄的动员。但Blanchard所作的研究结果表明，在股票市场收益不确定的条件下，理性消费者在选择其消费路径时，会更倾向于下期消费，其直接的影响是有更多的资源被用于储蓄，从而改变了社会储蓄率。也就是说，当收益存在较大风险时，人们趋向于推迟当前消费而进行储蓄。针对我国股票市场现状，郑江淮通过计量分析认为，虽然我国股票市场的规模对经济增长的作用不明确，但是股票市场的发展与储蓄之间显著的正相关关系表明股票市场对经济增长存在作用机制[1]，与Blanchard的理论分析结果相吻合。

事实上，包括金融中介在内，整个金融体系是否有利于储蓄的动员我们还不能明确地给出一个结论，总体上判断金融体系对储蓄率的影响是有利的还是不利的，要看居民的储蓄动机和金融发展类型所形成的组合状态。居民储蓄有两种动机：一种是为了获取投资收益的投资动机，另一种是为了预防未来收入不确定性和平滑消费的预防性动机。不同的储蓄动机决定于居民收入水平、社会保障程度、投资收益率等，特别是不同金融发展类型的影响。新型金融工具的出现、利率的市场化、金融市场的开放等投资型金融的发展，为投资者提供了更多的可供选择的投资机会和更高的投资收益，从而会增加居民对投资性储蓄的需求。各种保险制度的完善和住房贷款、耐用消费品贷款、教育贷款等各种消费信贷的发展，这些融资型金融的发展又会减少居民对预防性储蓄的需求。因此，不同类型的金融发展和相对发展强度对居民储蓄有不同的影响。在金融发展过程中，金融体系提供的金融产品增加了储蓄者可选择的机会，而储蓄者不同的金融需求又推动了产品的创新，二者在互动中推进。因此，要动态地分析问题，就必须与特定的经济环境联系起来，于是得出结论：金融发展对储蓄率的有利或不利的影响是随经济发展的不同阶段而变化的。一般情况下，经济发展的初期，储蓄的目的主要是预防性的，银行等传统中介机构的地位相对突出。随着经济的发展、居民收入的增加，投资性的储蓄需求会增加，金融市场在动员储蓄中的重要性会相对上升。

金融发展本身的多样性，复杂化了对居民储蓄的动员，很难得出明确的结论。因此，金融发展对资本积累乃至对经济增长的影响更多地表现在效率方面：提高储蓄－投资的转化效率、提高资金配置效率。列文和热沃斯（1998）曾通过

---

[1] 郑江淮、袁国良、胡志乾：《中国转型期股票市场发展与经济增长关系的实证研究》，管理世界，2000（6）：2－15。

实证研究发现，金融发展与储蓄率之间无相关关系，但金融发展与资本积累、经济增长呈正向关系。由此也可以认为，金融发展对资本积累、经济增长的积极作用主要表现在效率上。

5.2.2 储蓄－投资转化的金融机制

充足的储蓄供给只是资本形成的物质保证，并不能保证较高的资本形成水平，其中关键问题就在于储蓄向投资的转化效率。在现实经济中，各部门中各主体的储蓄规模和投资需求往往是不同的，甚至存在较大差别，有的主体储蓄大大高于投资需求，而有的主体则正好相反。因此，要使资本形成得以实现，就需要经济中存在有效的机制将资金盈余部门的储蓄转移到资金亏损部门以形成投资。如果经济中不存在储蓄转化为投资的机制，各个部门只能在自身储蓄的范围内进行投资，那么资本形成的规模就会因储蓄和投资水平的降低而大大地下降。金融机制已经成为现代社会储蓄－投资转化的必然选择及核心机制，格利和肖（1960）早在《金融理论中的货币》中就对此作过阐述。同时，即使存在金融体系这样有效的储蓄转化机制，如果这种机制的运行效率低下，或者机制本身存在着缺陷，就会使一部分储蓄因为沉淀或者分流等原因而无法转化成投资，这也必然降低整个资本形成的规模和整个社会的福利。下面对金融体系在储蓄－投资转化中效率的分析，就围绕这两个方面展开。

5.2.2.1 储蓄－投资转化的金融机制

最早的储蓄－投资转化机制源于储蓄主体将自身的储蓄资源直接用于投资，不涉及商品交换及货币的媒介作用。这种直接转化方式具有储蓄者与投资者二位一体的特点，使“所有的情报、交易、监督和执行等成本内部化”[1]，避免了将资金贷放给他人所不可避免的各种成本和风险；并且其机制性作用十分简单，利率和各种金融机构与工具几乎对直接转化机制不产生影响，储蓄向投资的转化规模和速度基本取决于储蓄自身的收入水平和投资机会。此方式的缺点是：储蓄规模与投资需求很难在时间和空间上达成一致，投资可能会受到储蓄规模不足的限制。

A 金融中介的转化机制

储蓄向投资的转化必须结合投资需求加以说明。投资需求对资本形成的重要意义表现在它是储蓄转化为实际投资的动力。如前所述，居民储蓄的动机有投资性动机和预防性动机，投资只是储蓄中一个占用部分，要使储蓄充分转化为投

[1] 世界银行：《1989年世界发展报告》中译本，中国财政经济出版社，第29页。

资，就必须有一个促进“转化”的推力，这个推力就是投资需求。事实上，金融中介的建立与运营，本身就意味着是对投资需求的一种鼓励，因而金融中介具有刺激投资需求的效应。对此，我们可从以下几个方面加以认识：

首先，金融中介通过其专业化经营与规模经营，降低了投资主体的筹资成本，刺激了投资需求的上升。没有金融中介存在时，虽然投资者可以直接与储蓄者进行“交易”以实现储蓄投资的转化，但是这样的“交易”要支付一些费用，如广告费用、贷款的风险调查费用等。金融中介的出现虽然并不能使这些费用消失，但“它可以节省借款人和贷款人的信息费用及交易费用”❶ 而降低筹资成本。

其次，金融中介的存在使投资需求摆脱了自身储蓄的限制，鼓励了大额投资需求的生成。金融中介将零散、小额的储蓄积聚在一起形成大额的可用资金，为一些大型投资项目的投资需求提供了外源融资的可能性，从而提高了社会的投资需求水平。

最后，金融中介在降低投资的风险－收益比方面也具有一定的作用，同样对投资需求产生刺激效应。一方面，保险类金融中介机构为社会各部门的经营活动提供形式多样、性质各异的保险，使投资风险大大降低；另一方面，金融中介利用其掌握的信息优势传递企业间的供需信息，并促成不同企业间的相互合作，这也从一个侧面降低了投资风险，有助于提高社会的投资需求水平。

除刺激投资需求外，金融中介在储蓄－投资转化过程中充当了储蓄者和投资者之间的信用中介。表现在行为特征上，金融中介一般都是先发行和出售存款凭证、保险单、基金股份等间接证券而购入、持有储蓄者发行、出售的初级证券，从而将储蓄资金集中起来；然后再向投资者发行、出售间接证券而购入、持有投资者发行、出售的初级证券（包括借款凭证、债券、股票、抵押契约等），从而将集中起来的储蓄资金分配给不同的投资者。❷ 金融中介的这种证券交易行为表明，金融中介的产生导致了一种特殊的社会分工——使缺乏经营能力、冒险精神或投资机会的人主要从事储蓄活动，而使其他具有经营能力、勇于冒险或投资机会较好的人更多地进行投资活动。这种分工有效地实现了储蓄与投资在时间、空间、规模上的对接，有力地促成了储蓄供给与投资需求的结合，提高了社会的实际投资水平进而改善了资本形成的数量。在戈德史密斯看来，金融中介介入储蓄－投资分工的意义类似于间接交易给商品市场带来的利益。以货币为媒介的间接交易克服了物物交易在时间与空间上的局限性，金融中介活动则克服了不同经济部门或经济单位资金运动中收支不平衡的矛盾，使投资者的支出可以超过其现有

❶ 梅耶、杜森贝里、阿利伯：《货币、银行与经济》，上海三联书店，1989 年，第 25 页。
❷ 借用约翰·格利和爱德华·肖对初级证券和间接证券的定义。

收入，而储蓄者本期积累的收入又可获得增值。特别是金融中介可以借短贷长或借长贷短，这种期限结构的转化功能克服了储蓄者与投资者在资金期限上的矛盾，从而使经济部门或经济单位从自身的储蓄供给与投资需求的约束中解放出来，从低效率、小规模的内源型投融资活动中解放出来，直接扩大了社会资本形成总量。

B 金融市场的转化机制

储蓄-投资转化过程中的金融机制几乎充满交易，金融市场则为这些储蓄者与投资者的交易活动提供了基本的制度框架。作为一种交易制度，金融市场对资本形成的影响集中表现在它减少了储蓄转化为投资的交易费用。“利用市场组织经济的费用是达成交易的费用。……这些费用可以分解成搜寻费用、谈判费用和实施费用。”[1] 金融市场对储蓄-投资转化过程中交易费用的节省，具体地表现在以下三个方面：

（1）节省了储蓄者与投资者相互搜寻的费用。“搜寻费用是指确定潜在的可与之洽谈生意的买方或卖方所需的费用”[1]，具体到我们正在讨论的情形，就是储蓄者与投资者由于信息生产和交流的障碍在相互搜寻过程中消耗的经济资源。储蓄者和投资者虽然有可能实现时间上和空间上的偶遇巧合，但多数情形是，为了寻找到合适的交易对象往往需要不断地继续其搜寻过程，从而花费较高的成本。也可以通过刊登广告来缩短搜寻过程，只是在此情形下，不得不发生的广告费用就成为公司发现交易对象的搜寻费用。从社会来看，这是储蓄转化为投资的交易费用的一部分。金融市场的存在，则可以使这部分交易费用水平下降。比如，投资者可直接在证券市场或信贷市场融资而省去寻找储蓄供给者的广告费用。当然，金融市场的出现并不会使搜寻费用消失，只是它可以通过其规模上的优势大大降低这类费用。

（2）节省了储蓄者与投资者的谈判费用。谈判费用是储蓄者与投资者双方就所借款数、借款地点、应付价格以及为保证偿还必须提供的担保等事项试图达成一致协议所需要的费用。金融市场作为一种交易制度，提供了分门别类的标准化的交易方式，“这些标准的交易方式降低了谈判费用”。

（3）节省了储蓄者与投资者之间如约履行的实施费用。合乎标准的金融契约及其交易方式是受法律保护的，如果金融契约的任何条款都没被履行，则受到损害的一方可到法院起诉，如约履行的实施费用随之而生。事实上，金融市场本身就提供了许多履约保护规则，大大节省了可能发生的履约实施费用。最明显的例子是期权市场所提供的期权实施的保证机制——期权履约保证金制度。对于期

[1] 诺思、托马斯：《西方世界的兴起》，华夏出版社，1988年，第148页。

权的买方而言，他所面临的最大损失就是其付出的期权费，这个风险有限并可以预知，因而无需开设保证金账户。期权卖方则因其风险很难预料，有可能难以履行合约。所以，期权卖方在进行交易之前必须存入一笔保证金，以表明其具有潜在的履约能力。并且，根据期权市场规则，每场交易结束后，期权清算公司将根据市场价格的变动情况及时对期权卖方的交易部位进行盈亏计算调查，如果价格动向出现不利于卖方的明显逆转，就通知期权卖方在下一个交易日开盘前追加保证金以维持其在手的空头部位。保证金及追加保证金制度使期权合约的违约现象大为减少，并且期权实施由专业化的清算公司进行，这就大大提高了实施合约的效率，降低了契约如约履行的实施费用。正如诺思和托马斯所指出的那样，“市场越是有效率，创造贷款所需要的搜寻、谈判和实施费用便越低”，“资本市场由许多将借贷双方召集一道的媒介所构成，这些媒介都用新的金融手段武装起来，十分有效”。

金融市场交易费用的节约意味着金融市场以相对较低的代价就能成功地将盈余部门的资金转移到资金赤字部门，实现储蓄供给与投资需求的现实结合，减少资本形成的“成本”。同时，它也意味着社会分工体系中储蓄者与投资者的摩擦减少了，这在一方面使可能包含在交易费用中的一部分经济资源被释放出来，相应地以不同方式增大生产性投入，使资本形成规模扩大，另一方面刺激了储蓄者与投资者从事金融活动的欲望，这种欲望越强烈，社会资金积累的速度就越快。在资金总量既定的前提下，金融活动越活跃，资金使用效率就越高，因为金融市场的竞争规则能够确立金融工具的相对价格，引导盈余部门的储蓄注入“出价”最高的赤字经济单位。这就保证了可贷资金流向最有效的生产用途。显然，这有助于改善资本形成的质量。这一切表明，“金融市场的存在大大地促进了储蓄-投资转化过程，金融市场提供了从储蓄者向投资者转移资金的有效手段。”❶

5.2.2.2 金融的储蓄-投资转化效率

如本节开始所说，即使存在储蓄-投资转化的金融机制，如果这种机制的运行效率低下，或者机制本身存在着缺陷，也会降低整个资本形成的规模。金融体系从储蓄者手中筹集资金到最终投放于生产过程中会产生一系列费用。这些费用包括筹集储蓄资金的成本、实施金融契约的成本、日常经营管理成本、发生不良贷款所造成的损失、制度成本等，所有这些成本的存在将降低金融体系转化为储蓄的能力。因此，只有高效运行的金融体系才会降低这些成本，从而提高储蓄-投资转化效率。

---

❶ S·克里·库伯、唐纳德·R·弗雷泽：《金融市场》，中国金融出版社，1987年，第25页。

A 金融中介的储蓄转化效率

由于金融企业家谋求生存发展的利益动机，金融中介机构除了维持正常的经营活动必然发生的各种成本费用外，还要将吸收的储蓄资源中的一部分留下来作为银行的利差或者经纪人的佣金、手续费等。很显然，这部分“经营漏出”会降低储蓄－投资的转化效率。因为利润是金融中介机构存在的基本动力，所以如何降低金融中介成本就成为提高储蓄－投资转化率的关键。事实上，金融中介成本主要受金融发展水平和外部制度环境的影响。

（1）金融发展水平。随着金融发展水平的提高，金融中介机构的规模不断扩大、数量不断增加、创新产品层出不穷，这都会在一定程度上降低中介机构的运行成本。

首先，金融中介规模的不断扩大，规模经济的优势逐步发挥出来，分摊在单位资金上的金融中介运行成本将会随之下降。本斯通（1972）在研究银行业的规模经济效应时指出，不管自身规模大小，给定其他条件不变，银行规模扩大 1 倍，平均成本将下降 5% ~8%。1981 年他还估算了银行最低或最优的成本效率，在存款规模 5000 万 ~1000 亿美元之间。后来麦克里斯特和麦克曼斯（1993）则认为资产在 5 亿 ~100 亿美元之间实现规模经济。同时，大规模的金融中介机构，能充分吸纳先进的专业人才，充分利用先进的技术和设备，进而大大提高其生产效率。

其次，金融机构数量的不断增加，不仅加剧了市场的有效竞争，而且还促进了专业化水平的提高，使得金融中介可以提供更加高效、专业化的金融服务。陈军（2001）沿用伯塞利麦和瓦罗达斯基（1996）的分析思路，研究金融发展对金融中介成本的影响时得出竞争效应的结论，认为金融发展使金融机构数量增加时会使利差减少，而利差的减少意味着中介成本的下降。

最后，也是最为重要的一点，层出不穷的金融创新活动不断引起金融中介机构体系的结构性大变化，而金融中介机构的优化和高级化本身就蕴含着金融中介效率的大幅度提升。很显然，金融创新促进了金融中介业务多元化和经营范围的混业化。业务多元化使得金融中介不再局限于传统的资金融通、信用中介和信用创造，而是在包括各式新产品的多元化经营中通过提供组合产品获取范围经济的好处。这意味着单个中介以较低的成本生产了多个专业化的机构分别生产所能提供的产品组合，这种低成本的好处不仅仅因为固定成本得到分摊，而且还在于信息互补导致的成本节约。与经营范围的混业化相伴随的是金融中介风险防范效率的提高，中介机构能够利用各种技术手段最大限度地获取信息以利用金融创新产品规避风险提供各种可能，同时又借助创新的衍生工具进行套期保值，最大限度地降低因价格波动可能产生的风险损失。

因此，从理论上讲，随着金融中介发展水平的不断提高，储蓄转化为投资的比例也将不断提高，进而有利于促进资本形成。

（2）制度环境。对金融中介成本的影响亦即对中介效率的影响，以下几方面制度的因素与之密切相关。

1）产权制度与中介效率。根据现代产权经济学理论，产权的合理界定和有效的产权安排有非常重要的效率增进作用。金融中介机构始终面临着由于金融资源的稀缺必然带来的金融产权界定问题，这是影响金融中介效率的重要因素。金融中介机构的产权不外乎有私有产权和公有产权两种基本形式，它们对金融中介效率的影响有很大差异。我国很多学者的研究表明，我国金融中介的公有产权是低效率的，主要原因是其“公地的悲剧”。即公有产权的不可分性、非排他性和剩余索取权的不可转让性导致了产权界定混乱，从而有可能促使金融资源的不合理使用或者滥用，造成很大的效率损失。

2）融资制度与中介效率。两种典型的融资制度是西方国家的市场主导型和广大发展中国家的政府主导型，这里主要关注后者对金融中介效率的影响。首先，它多以间接融资为主，融资形式单一，易形成高储蓄倾向，可能会有较高的规模效率。在发展中国家经济复苏和起飞的阶段，高储蓄倾向可以使国家通过控制间接金融而聚集资金，搞重点项目建设，显示其较高的规模效率。其次，这些国家对金融中介过多的行政干预造成他们无法自主经营，以及国家将金融中介与国有企业视为“左右口袋”以至于软化对双方的预算约束，再加上行业垄断严重、缺乏竞争机制等，导致了金融中介机构自身经营的低效率和功能的缺失。

3）金融价格、利率变化与中介效率。金融价格与利率变化对金融中介的效率有很大影响，但影响的方向尚在争论中。“从理论上讲，利率是资金价格的信号，它的变动会影响金融中介的效率。但在实际中，由谁来确定利率、怎样的利率水平有利于经济增长，一直困扰着经济学家。在既往的研究中，主张市场机制配置资源的经济学家们认为利率市场化是必由之路，那些人为限制利率水平的国家造成了金融长期抑制的低效率状态，正在相继进行以利率市场化为内容的金融自由化改革。”❶ 与此同时也有反面的声音，尤其是20世纪90年代后期以斯蒂格利茨为代表的金融约束论则鲜明地强调政府的作用，认为应该对利率进行适度的控制；弗瑞（1997）对85个国家数据的实证分析为政府的利率管制提供了实证材料。争论依然，给我们的启示是：解决问题的关键在于合理界定市场和政府的职能范围，根据实际情况选取二者的最佳组合。

当理想化的市场运行机制不可能存在于现实经济中时，政府介入市场的各种制度约束会随之而来，在发展中国家普遍存在的金融抑制便是典型的例子，如过

❶ 彭兴韵：《金融发展的路径依赖与金融自由化》，上海人民出版社，2002年。

高的存款准备金率、过分的金融监管、利率上限限制导致的非价格竞争、自由进入的限制等，都严重导致了金融中介的运行成本大大提高，使得大量资金在金融部门沉淀，对储蓄向投资的转化产生了极为不利的影响。

B 金融市场的储蓄转化效率

金融市场能否有效地提高储蓄投资转化率，关键取决于金融市场的效率。交易成本是评判市场效率的重要参数，它取决于交易量、交易次数、清算时间、设备的现代化程度和市场组织管理能力。在高效率的资本市场上，有大量的市场参与者，成交比较容易，交易量大而且稳定，组织管理水平高，致使交易成本较低。而在低效率的资本市场上，参与者人数少，交易品种及数量少，难以即时成交，更难找到效率组合，加之管理能力较弱，交易成本比较高。

信息效率是金融市场效率的核心，指金融市场价格是否有效完全和准确地反映市场信息，并以此通过价格机制高效地实现储蓄向投资的转化。市场上的投资者总是不断地搜集有关证券的信息，并采用各种方法对搜集到的信息进行处理，从而做出不同的投资决策，有人高估价位，有人低估价位。由于任何人都不能操纵市场，则他们信息处理方法和分析意见的差异就不可能影响证券价格的系统性发展趋势，而只能引起证券价格的随机波动。所以在一个有效的证券市场上，由于信息对每个投资者都是均等的，因此任何投资者都不可能通过信息处理获取超额收益。对信息反映的有效性从一定角度反映出市场运行的效率水平。如果存在政府对市场的过度干预、股票价格的人为操纵、市场信息的不完全、对潜在投资者市场的准入限制等，那么这样的市场运行肯定低效率甚至是无效率的，必然导致证券市场错误的定价和稀缺资金的逆配置，降低储蓄-投资的转化效率。

影响金融市场效率的还有一个很重要的因素，那就是产权制度。金融市场是各种金融工具交易的场所，交易活动的进行必须建立在对金融工具拥有独立财产权的基础上。拥有独立产权的投融资者承担着使用财产的全部成本，具有内在的动力做出最佳的借贷决策，并力求最大限地降低借贷活动的交易成本。同时作为独立的产权主体，他们之间必然会为了各自的利益而展开激烈的市场竞争。在这种竞争中，那些效率较低因而融资成本过高的融资者和效率较低因而投资成本过高的投资者将会被激烈的市场竞争淘汰，而那些效率较高的投融资者因成本较低得以不断发展壮大。在这种优胜劣汰的竞争压力下，融资者和投资者不得不最大限度地降低融资成本和投资成本，金融市场的交易成本也就自然而然地降低，从而提高整个金融市场的效率。我国的金融市场建立在公有基础上，其有效运作决定于公有制与市场经济的有效融合程度，事实上产权制度一直是我国金融市场效率的主要障碍之一。

我国金融市场在很大程度上还由行政力量所左右，规范化水平较低，从而弱化了市场的价格发现功能，市场不能有效定价，表现出较强的“政策市”特征。市场在证券市场价格形成和变动中的作用受到了很大抑制，而行政力量则成为影响证券市场价格确定机制的重要因素，这必然大大削弱金融市场的总体效率。同时，虚假的、迟滞的信息披露一直漫布在我国金融市场的上空，使市场的公信力被破坏，“庄家”的市场操纵一直存在，使股票价格与上市公司的基本面发生背离，市场的定价机制也严重扭曲，可以说是市场定价效率低下的直接的、基本的表现形式。这种低效的市场运行，不仅降低了储蓄－投资的转化效率，而且助长了市场泡沫。

5.3 我国的金融特征

我国的金融特征是以银行为代表的间接金融方式占主导地位。从融资总额的角度看，间接融资方式所占比例一直保持在90%以上，见表5－1。虽然在近些年这一指标有所下降，但下降速度缓慢（见图5－4），间接融资为主的方式不会有大的改变。

表5－1 直接融资和间接融资水平

年 份	金融机构贷款增加额/亿元	股票、企业债券融资额/亿元			融资比例/%	
		合计	股票	企业债券	间接融资	直接融资
1991	3657.1	254.96	5	249.96	93.48	6.52
1992	4985.1	777.8	94.09	683.71	86.5	13.6
1993	6620.2	611.31	333.47	253.84	91.55	8.45
1994	7867	488.53	325.78	161.75	94.15	5.85
1995	9727.9	451.12	150.32	300.8	95.57	4.43
1996	10814.8	894	425.08	268.92	93.86	6.14
1997	13761.3	1549.05	1293.82	255.23	89.88	10.12
1998	11610	989.41	841.52	14769	92.15	7.85
1999	7210.2	1102.56	944.56	158	86.74	13.26
2000	5636.8	2186.06	2103.08	83	72.06	27.94
2001	12943.6	1399.34	1252.34	147	90.24	9.76
2002	18979.2	1286.75	961.75	325	93.65	6.35
2003	27702.3	1715.75	1357.75	358	94.17	5.83
2004	19201.8	1977.94	1510.94	467	90.66	9.34
2005	16492.4	3892.51	1882.51	2010	80.90	19.10
2006	30656.8	7904.29	5594.29	2310	79.50	20.50
2007	36343.8	10964.17	8680.17	2284	76.82	23.18

续表 5－1

年 份	金融机构贷款增加额/亿元	股票、企业债券融资额/亿元			融资比例/%	
		合计	股票	企业债券	间接融资	直接融资
2008	41777	9375. 21	3852. 21	5523	81. 67	18. 33
2009	96532	18491. 69	6124. 69	12367	83. 92	16. 08
2010	79195. 55	23034. 93	11971. 93	11063	77. 47	22. 53
2011	68751. 1406	19472	5814	13658	77. 93	22. 07
2012	81962. 9494	26685	4134	22551	75. 44	24. 56
2013	89051. 36	21981. 88	3868. 88	18113	80. 20	19. 80

资料来源：中国统计局。

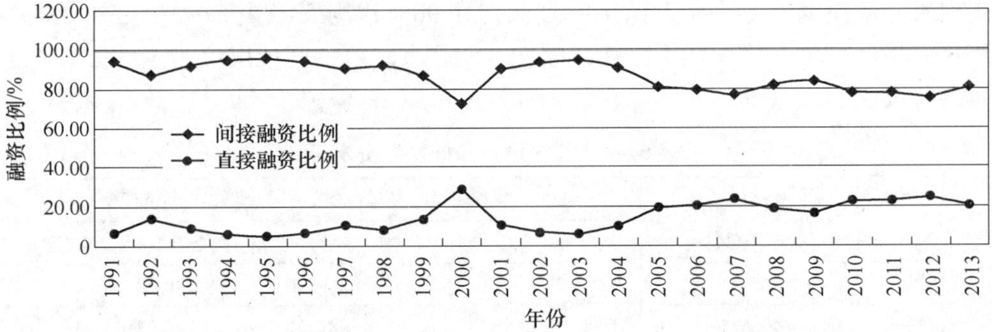

图 5－4　社会融资结构

5.3.1　间接金融

在间接金融中，国有银行处于主导地位是一显著特征。在改革开放的进程中，为了保持高速增长所需的资本形成率，国家依托国有银行的信用垄断地位，利用金融管制政策低成本动员储蓄，并对国有经济提供金融支持，加快经济体制转轨与经济发展。这种发展方式产生的积极作用在于：

（1）利用可靠的国家信用消除国有银行储蓄者的风险顾虑，承担起“最后还款人”的保障角色，从而使国有银行体系把分散于居民的金融剩余迅速集中起来，增加了国家控制的可贷资金数量，并保持较强的聚集金融剩余的能力。

（2）国家掌握着银行信贷分配权和利率决策权，对银行信贷规模、投向和资本市场融资存在严重的“所有制歧视”，确保了国家对金融资源的支配地位，有效地实现了金融资源的动员，国家转而以补贴的形式，将不断增大的资金总量注入国有企业中，支撑了国有企业的改革与发展，有力推动了经济的持续稳定增长。

然而，政府对国有银行的控制，产生了经济转型过程中的“软预算约束”。

在资金供给方面，由政府的担保或政府的授权，对国有企业的“行政性贷款”并未杜绝。这使得银行很多贷款是对亏损企业的补贴，扮演着准财政的角色。这样，就阻碍了资金配置中市场机制和竞争要素作用的发挥，影响了金融资产配置效率的提高，根本无法通过融资制度实现资源优化配置效能。也正是基于此，政府又加大力度推行国有商业银行改革，力图在一定程度上改善银行和企业的关系，加强商业银行从事业务的独立性，推动了银行向市场化方向发展。但是，我国的金融市场过分狭窄，没有替代的金融工具，社会剩余资金大部分以银行存款的形式保存，使银行成为储蓄-投资转化机制中最重要的中介机构，承担起了资本聚集的绝大部分责任。

在目前情况下，企业发展基本依赖银行，而银行向企业提供信贷，其资金来源大部分是居民储蓄，居民的高债权和企业的高债务导致银行的高风险。随着银行市场化程度的加深，其信贷风险也相应扩大，迫使其信贷管理政策逐渐趋紧，推动银行信贷管理及风险防范意识强化。而国有商业银行改革的过程中未能正确处理激励与约束机制之间的关系，使得银行放贷非常谨慎，我国存贷差呈不断扩大之势。我国银行存贷差的扩大趋势见表5-2。

表5-2 金融机构历年存贷差

年 份	存款余额/亿元	贷款余额/亿元	存贷差/亿元	存贷差占存款余额的比/%
1990	14013	17681	-3668	-26.18
1991	18079	21338	-3259	-18.03
1992	23468	26323	-2855	-12.17
1993	29627	32943	-3316	-11.33
1994	40473	40810	-337	-0.83
1995	53862	50394	3468	6.44
1996	68571	61153	7418	10.82
1997	82390	74914	7476	9.00
1998	95698	86524	9174	9.56
1999	108779	93734	15045	14.00
2000	123804	99371	24433	19.74
2001	143617	112315	31302	27.80
2002	170917	131294	39623	23.10
2003	208056	158996	49060	23.60
2004	240525	177363	63162	35.61
2005	287170	194690	92479	47.50
2006	335434	225285	110149	48.89

续表 5-2

年 份	存款余额/亿元	贷款余额/亿元	存贷差/亿元	存贷差占存款余额的比/%
2007	389371	261691	127680	48.79
2008	466203	303395	162809	53.66
2009	597741	399685	198056	49.55
2010	718238	479196	239042	49.88
2011	809368	547947	261422	47.71
2012	917555	629910	287645	45.66
2013	1043847	718961	324885	45.19

中国人民银行研究局李德（2005）的研究表明，银行存贷差的形成和扩大与其发展的经济背景紧密联系。1995 年以前的存贷差为负主要是源于当时的信贷资金管理体制，人民银行对货币投放控制较弱。在专业银行与中央银行并存的制度下，专业银行发放贷款时需要同时拥有贷款指标和存款。由于存款和贷款仍然是金融机构主要的资金来源和资金运用，其差额仍然为现金的投放或回笼。中央银行以再贷款、收购农产品和外汇等方式对专业银行进行货币投放。如果专业银行存款不足而不能用完贷款指标，中央银行可以向其提供再贷款；反之，如果专业银行的贷款突破指标，中央银行则为了保证专业银行的正常运作，也只能相应地追加资金，使专业银行“倒逼”中央银行提供资金成为可能，从而产生贷款大于存款的现象。

1995 年以后，《商业银行法》中存贷款比例（小于 75%）的要求成为存贷差逆转变化的一个重要因素。同时，在一定的存贷比例下，存款余额的增长势必会使存贷差呈现扩大趋势。自从 1996 年 5 月以来，我国金融机构实行了 8 次降息，但储蓄存款表现出较小的利率弹性，存款余额一路攀升，2003 年突破 10 万亿元，到 2013 年底已达到 104.3847 万亿元❶。失业压力逐渐增大以及社会保障体制不完善，既减少了即期消费又降低了人们的收入预期，使得储蓄倾向更为坚挺。另外，投资品种单一，投资渠道不畅，加上一些政策性和体制性障碍的制约，使得民间投资不旺，储蓄向投资分流受阻等也直接推动储蓄存款的上升。与存款高速增长相对应的是贷款的缓慢增长，由于我国绝大多数企业转制速度慢，其较低的产业层次、薄弱的技术能力以及不健全的内部管理，使得这些企业在市场供求相对过剩的背景下缺乏竞争力，难以符合金融机构对贷款客户的要求，从而很难获得贷款。从商业银行内部管理来看，银行改革后注重降低不良资产比例，许多基层银行的放贷权被上收，资金运用受到限制。此外，我国为加速提高

❶ 引自《中国金融年鉴（2013）》。

国有商业银行信贷资产质量、增强其抵御风险的能力，加大了剥离不良资产和核销呆账贷款的力度，出台了一系列政策与措施，这些因素都导致了银行信贷存量的减少，使得银行账面存差扩大。存款的高增长和贷款的缓慢增长，导致银行存贷差扩大趋势越来越明显。存贷差的扩大，从资本形成角度来讲，意味着金融机构在储蓄－投资转化渠道中出现了阻滞，不利于资本的形成。

周立（2004）在比较我国各地区的金融发展时认为，伴随经济体制改革以来货币化程度的不断提高，我国货币化的空间日渐狭窄，减小了各地的超贷空间，使得我国各个地区的存贷比都在不断下降，但在下降中显示出了不同的速度。东部的存贷比一直低于全国的平均水平，并从1992年率先进入了存差，带动了全国由1995年起出现存差并不断扩大。而中西部却通过行政努力，在整个改革期间一直保持着贷差地位，继续像使用财政援助一样，使用着由中央银行和东部转移来的金融援助。

5.3.2 直接金融

随着居民货币收入的增加，居民风险投资意识不断增强。人们从收益最大化角度出发，迫切需要扩展投资渠道和优化资产结构，这为直接融资带来需求动力。同时，居民储蓄的产权属性正在变得越来越清晰，产权的排他性和可交易性不断增强，从而为直接金融的建立奠定了微观基础。表5－1的数据反映出我国直接融资的发展状况，虽然占总融资额的比重不大，但发展很快。

国内外金融市场发展的实践和日趋完善的理论研究表明，直接融资在投资形成中具有重要的独特作用。首先，直接金融具有界定产权的功能。在直接金融下，资金的供求与价格，都是通过竞争决定的。由于通过证券所进行的资金融通活动在技术上可以将企业的不可分割的物质财产进行细分，而且可以将附着在那些物质财产上的各种权利分离出来单独进行交易，又加上投资成果的享受者以及投资成果的分配比例也是明确的，于是直接金融具有了界定产权的功能。其次，直接金融还具有风险定价的功能。证券市场上直接金融的完成，是在比较广泛且已形成制度化的交易场所对标准化的金融产品进行的买卖，由于资金的价格可以通过较为公开的竞价来形成，因此直接金融在迅速平衡资金供给和需求的同时，能够较为准确地为资金形成统一的市场价格，从而具有很强的风险定价功能。在现代经济中，通过直接金融所完成的资金配置规模也许在全社会储蓄向投资转化的活动中不占主导地位，但其风险定价功能以及产权界定功能都是间接金融所不能比拟的，它可以更好地依据效率原则较为灵活地在社会范围配置有限的资金。

西方国家经过多年的发展，自然地形成了多样化的储蓄－投资金融转化机制。其中，以间接金融为主的有之，如欧洲大陆各国、日本等；直接金融和间接金融平分秋色的也有之，如美国和加拿大。在这些国家，两种转化方式的组合比例各不相同，但在战后，这些国家的经济都取得了巨大的进步和成就。并且，随着金融创新与金融制度自由化，金融转化机制也向综合化方向发展，原来以间接金融为主的国家，由于投资银行和机构投资者的广泛参与，促进了证券市场直接金融功能的加强。原来以直接金融为主的国家，由于商业银行介入长期信用和证券业务，银行间接金融的比重有所上升。单一依靠某一种转化方式，对金融活动实行严格管理的金融制度，已经逐渐被多种转化方式并用、金融工具不断创新、金融机构的业务活动日益综合化的转化机制所替代。我国究竟应该形成怎样的储蓄－投资转化的金融机制，没有可循的现成模式，而且要考虑我国经济发展水平、经济发展战略、资本市场状况及金融宏观调控能力等多种因素的综合影响。但有一点毋庸置疑，鉴于我国直接金融与间接金融结构严重失衡的状况，在构建我国储蓄－投资的金融转化机制时应逐步提高直接金融的比重，协调直接金融与间接金融的关系，形成直接金融与间接金融相互结合、均衡发展的储蓄－投资金融转化机制。

5.4 两省资本形成中的金融机制比较

在资本形成过程中，充足的储蓄供给只是资本形成的物质保证，并不能保证较高的资本形成水平，其中关键问题就在于储蓄向投资的转化效率。金融机制作为现代社会储蓄－投资转化的核心机制，极大地推动了资本的形成。同时，即使存在金融体系这样的投资转化机制，如果这种机制的运行效率低下，或者机制本身存在着缺陷，就会使一部分储蓄因为沉淀或者分流等而无法转化成投资，这也会降低整个资本形成的规模。本节对两省资本形成中的金融机制比较，主要围绕金融体系的规模和转化效率展开。

5.4.1 金融发展规模的比较

5.4.1.1 间接金融的发展规模

由于我国的金融发展以间接金融为主导，对银行规模指标进行对比分析更能反映两省的金融发展规模差距。银行的发展规模主要体现在银行所掌握的金融资源的规模上，常用的指标是银行全部存款和全部贷款。根据《河北经济年鉴》和《江苏统计年鉴》的统计，我们制表5－3。

表5－3 两省全部存贷款额比较 亿元

年 份	全部存款		全部贷款	
	江苏省	河北省	江苏省	河北省
1990	858.54	754.05	1009.04	767.73
1991	1136.51	955.38	1226.82	915.08

续表 5-3

年份	全部存款		全部贷款	
	江苏省	河北省	江苏省	河北省
1992	1422.6	1155.42	1470.42	1085.17
1993	1797.33	1402.63	1777.8	1316.88
1994	2481.1	1747.76	2218.15	1625.44
1995	3500.49	2292.99	2875.39	1963.46
1996	4706.36	2879.29	3840.74	2382.71
1997	5674.94	3432.55	4452.46	2914.01
1998	6578.8	4013.07	5063.57	3412.34
1999	7470.43	4456.72	5535.15	3777.09
2000	8400.75	5169.77	5967.66	3828.9
2001	9700.68	4053.75	6671.74	4095.64
2002	11881.19	6194.82	8234.58	4565.27
2003	15378.49	7120.08	11299.6	5062.61
2004	18211.02	11327.47	13480.98	7505.74
2005	22001.44	10764.93	15396.59	6415.23
2006	25860.47	12551.62	18485.02	7411.88
2007	30450.54	14355.59	22092.10	8397.82
2008	37017.48	17709.02	26160.72	9453.30
2009	48850.29	22361.37	35296.73	13123.80
2010	58984.14	26099.00	42121.04	15755.74
2011	65723.56	29563.77	47868.30	18143.99
2012	75481.51	34257.16	54412.30	21317.96
2013	85604.08	39221.33	61836.53	23966.01

不难看出，无论是存款规模还是贷款规模，江苏省的水平远远高于河北省，这意味着江苏省的银行机构所掌握的金融资源要比河北省丰富。但经济发展决定金融发展，金融剩余的存在是以一定的经济发展水平为基础的，对金融发展规模的分析离不开特定的经济背景。因此，我们把银行全部存款和全部贷款放在各自的经济基础中去进行对比分析，这就产生了常用的反映金融发展水平的指标——金融相关率的比较。金融相关率通常的计算公式为：

金融相关率 =（全部存款 + 全部贷款）/GDP

根据此公式，我们计算得出两省的金融相关率并编制成表 5-4。

表5－4 两省金融相关率

年份	河北省金融相关率	江苏省金融相关率	年份	河北省金融相关率	江苏省金融相关率
1990	1.7	1.32	2002	1.79	1.9
1991	1.74	1.48	2003	1.76	2.14
1992	1.75	1.35	2004	2.22	2.11
1993	1.61	1.19	2005	1.7	2.04
1994	1.54	1.16	2006	1.74	2.04
1995	1.49	1.24	2007	1.67	2.02
1996	1.52	1.42	2008	1.70	2.04
1997	1.61	1.52	2009	2.06	2.44
1998	1.74	1.62	2010	2.05	2.44
1999	1.82	1.69	2011	1.95	2.31
2000	1.78	1.68	2012	2.09	2.40
2001	1.48	1.73	2013	2.23	2.49

表5－4的数据显示江苏省的金融相关率在2000年以前一直明显低于河北省，但从2001年开始出现了扭转，江苏省的金融相关率显著提高（2004年例外，但差别不大）。整个20世纪90年代经济发展水平较高的江苏省并没有显著表现出较高的金融发展水平，这意味着什么呢？可能的结论是：在经济越发达的省份存在着越严重的金融抑制。正如在第4章对投资形成的分析所描述的那样，江苏省经济的市场化程度和对外开放度都比较高，固定资产投资中呈现明显的投资主体多元化格局，个体经济、股份制经济、集体经济在投资中齐头并进，表现出了相当的活力，市场化程度较高，这无疑对江苏省经济的增长起到了重要的推动作用。在经济发展高度市场化的同时，金融体系的发展却表现出极不相称的行政控制特征（见表5－5），金融发展的市场化程度远远跟不上经济的市场化。金融资源的高度行政控制，使得资金资源的配置主要体现政府意图，国有金融机构变成了政府推行金融政策、推动体制内产出增长的实施者，一定程度上履行着“准财政”的功能。银行机构经营不能充分体现利润最大化原则，对金融资源的配置表现出浓厚的行政控制色彩，在担负“准财政”功能推动体制内产出增长的过程中，付出了极其高昂的代价——资金配置效率低下、不良资产比率上升、经营管理风险突出等，这都严重抑制了金融的成长。在金融发展受到遏制的情况下，经济发展所需要的资金不能得到有效支持，形成体制外产出的金融瓶颈约束，经济与金融的良性互动无法形成。因此，江苏省经济的较快增长和金融的缓慢发展，形成了较低的金融相关率。

表 5-5 国有经济占比和国有银行贷款占比 %

年份	固定资产投资中国有经济占比	全部贷款中国有银行贷款占比
1995	34.73	58.95
1996	35.79	61.88
1997	35.54	61.06
1998	38.23	64.26
1999	38.39	63.35
2000	37.99	60.77
2001	36.93	59.55
2002	36.94	58.93
2003	37.45	56.17
2004	29.34	54.91
2005	23.78	52.37
2006	20.02	49.95
2007	15.99	48.38
2008	15.21	47.08
2009	17.85	45.73
2010	17.49	44.46
2011	17.07	55.20
2012	17.65	54.18
2013	16.59	53.19

2000 年以来江苏省金融机构的市场化程度有所提高，各种形式的金融机构进入金融市场。虽然这些金融机构还无法动摇国有金融的地位，但其灵活的经营机制、高效的金融服务、多元化的业务经营、较高的资产收益，表现出了较高的市场竞争能力。它们在加剧市场竞争的同时，无疑积极推动了金融发展的市场化进程。到 2013 年，江苏省有股份制商业银行 915 个，城市商业银行 747 个，邮政储蓄机构 2511 个，外资银行 65 个。在金融抑制的情形有所好转的情况下，金融相关率出现了较大的提高。

相比而言，整个 20 世纪 90 年代，河北省的金融行政控制特征与江苏省相差不大，国有金融机构的行政区划设置形成了类似的金融机构布局，但由于经济发展水平远远低于江苏省，从而形成了相对较高的金融相关率。2000 年以来，江苏省金融发展的市场化程度逐步提高的同时，河北省的市场化进程依然缓慢。到 2013 年，河北省有股份制商业银行 199 个，城市商业银行 559 个，邮政储蓄机构 1449 个，外资银行 2 个。

5.4.1.2 直接金融的发展规模

虽然直接融资在整个资本形成中的占比很小，但其发展的省际差距可以直接反映两省金融的市场化程度，从而在一定程度上折射出投资的转化效率。

表5－6的数据显示，江苏省在2000～2013年利用金融体系融资的数量远高于河北省，考虑人口因素制表5－7（人口数据来源于两省统计年鉴，没有反映在表格中）。

表5－6 两省融资结构

年份	融资量/亿元		比重/%					
			贷款		债券		股票	
	江苏省	河北省	江苏省	河北省	江苏省	河北省	江苏省	河北省
2000	884.4	513.8	90	91.7	0	0.3	10	8
2001	758	401.8	93.6	96.8	0.4	0	6	3.2
2002	1719.5	593.4	95.9	94.9	2	0	2.1	5.1
2003	3480.5	684.1	97.4	92.9	1.1	2.9	1.5	4.2
2004	2407.5	682.7	98.3	94.9	0.4	1	1.3	4.1
2005	4781.93	701.8	92.5	95.8	4.5	2.9	3	1.3
2006	5798.73	1090	93.8	91.7	3.1	4.6	3.1	3.7
2007	4252.4	1233.5	91.3	81.9	5.8	7.9	2.9	10.3
2008	4448.3	1544.3	91.5	90.3	6.2	5.6	2.3	4.1
2009	10610.7	4010.7	92	94.1	5.4	3.8	2.5	2.1
2010	8787	3104.9	83.5	85.8	7.8	10.2	8.7	4
2011	7804.6	3572.7	78.8	71.3	12.8	18.3	8.4	10.4
2012	10006.9	3509.2	73.7	81.2	22.9	15.5	3.4	3.3
2013	12069.7	6246.6	79.8	89.05	18.4	3.9	1.8	7.05

资料来源：2012年和2013年两省的金融运行报告。

表5－7 两省人均融资量 元

年份	河北省人均融资量	江苏省人均融资量	年份	河北省人均融资量	江苏省人均融资量
2000	769.8532	1207.003	2005	1024.376	6301.764
2001	599.791	1030.098	2006	1580.168	7574.435
2002	881.069	2321.923	2007	1776.61	5506.058
2003	1010.637	4666.988	2008	2209.615	5730.514
2004	1002.644	3200.207	2009	5701.877	13585.57

续表 5－7

年份	河北省人均融资量	江苏省人均融资量	年份	河北省人均融资量	江苏省人均融资量
2010	4315.958	11166.12	2012	4815.038	12635.01
2011	4933.987	9880.741	2013	8518.478	15202.11

河北省人均融资量显著低于江苏省，两省反映在融资总水平上的差异也非常显著。就融资结构来看，江苏省和河北省的贷款占比2010年之前均在90%以上，江苏省的贷款占比平均为94.9%，河北省的贷款占比平均为94.1%，相差不到1个百分点，两省在融资结构上差距并不很大，直接融资额占比都不超过10%。2010年两省均抓住全国债务融资工具市场加快发展的有利时机，通过政策推动和重点突破，直接融资水平有了显著提高。在最近几年江苏省的直接融资水平呈上升趋势，而河北省直接融资水平有所下降。

截至2013年底，江苏省社会融资规模的增长速度适度，2013年期间全省社会融资规模为12069.7亿元，同2010～2012年年均值相比高149.1亿元，融资总量增势平稳。2013年7月6日，国务院决定2013年适当扩大地方政府自行发债试点范围，江苏省成为6个自行发债试点省市之一，这一决定在一定程度上加快了江苏债券市场融资工具的发展。2013年江苏省累计发行各类债券2553.3亿元，各种债券余额净增1623.9亿元，占全部融资量的18.4%，12月31日债务融资工具存量余额达到2769亿元，较上年末增加1023亿元，首次实现年度余额超千亿；与此同时，2013年，股票市场融资158.4亿元，占全部的融资量的1.8%，两者合计占融资总量的20.2%。银行间市场债务融资工具继续加快发展，2013年，全省共有129家，累计发行各类债务工具1824.06亿元。金融创新市场活跃，在总量做大的基础上，江苏省坚持创新，不断探索新的债务融资工具。通过资本市场，江苏省的上市公司获得了充足的发展资金，扩大了资产规模，实现了产业和技术的提升，企业的竞争力得到了极大的提高，也为江苏省的地方经济发展做出了很大的贡献。如："宁沪高速"通过资本市场募集资金，有力地促进了江苏省基础设施的完善和地方经济的发展；"长电科技"在募集资金的同时，积极引进先进的技术和管理方式，大大提升了企业的核心竞争力。同时2013年外商直接投资占比持续上升，实际利用外资也在不断增加，成为江苏省资金来源的重要渠道。

同时表5－6较为详细地反映出两省融资结构。江苏省的直接融资中更多利用股票融资，河北省直接融资则更多利用债券融资，江苏省的直接融资比例高于河北省，但最终两省的直接融资比例都远低于间接融资，银行贷款是两省最主要的融资渠道。截止到2013年，江苏省上市公司数为235家，而河北省的上市公司只有48家，企业直接融资的参与度很低，直接融资规模仍然很小。

5.4.1.3 总结

通过上面对间接金融的规模比较可以发现，整个20世纪90年代在两省都存在金融抑制的情况下，作为经济发达的省份，江苏省的金融抑制程度更为突出。但随着新世纪以来金融市场化程度的逐步提高，江苏省的金融发展水平也随之显著提高。而河北省的金融资源高度的行政控制特征，体现了其较低的金融市场化水平，进而表现出较低的金融相关率。对直接金融的规模比较，也证实了河北省的市场化程度远不及江苏。金融市场化程度的提高有利于推进资本的市场化形成，积极推动经济的发展，从而形成金融与经济互动的良性循环。正是因为金融市场化程度的较大差距，两省形成了较为悬殊的金融发展水平。

5.4.2 金融体系投资转化效率的比较

5.4.2.1 金融机构与证券业基本情况

如果说金融发展规模的比较分析已经显示了江苏省金融转化机制在资本形成中的重要作用的话，那么对金融转化效率的对比分析也许更能强化这一结论。

我们根据江苏省和河北省的金融运行报告，制表5－8。这里借用周立的研究方法，用2013年银行机构的类别、个数和从业人员数以及职工人均资产来透视两省金融体系的投资转化效率。

表5－8 2013年两省的金融机构个数和从业人员、资产数额比较

机构类别	机构个数/个		从业人数/万人		资产总额/亿元		职工人均资产/元	
	江苏省	河北省	江苏省	河北省	江苏省	河北省	江苏省	河北省
大型商业银行	4849	3222	100229	77664	47572	21482	4746	2766
国家开发银行和政策性银行	93	164	2341	3647	4740	2813	20248	7713
股份制商业银行	915	199	34570	7129	21062	4772	6093	6694
城市商业银行	747	559	21621	14579	14294	5691	6611	3903
农村金融机构	3078	4840	43358	48976	14614	9284	3371	1896
财务公司	11	5	292	134	401	263	13733	19627
信托公司	4	1	336	134	141	32.7	4196	2440
邮政储蓄	2511	1449	9805	9634	4168	2603	4251	2701
外商银行	65	2	2038	68	911	34.8	4470	5118
新型农村金融机构	116	61	2778	1275	521	124.5	1875	976
其　他	1	1	121	77	184	106	15207	13766
合　计	12390	10503	217489	163317	108608	47205	4994	2890

资料来源：2013年江苏省和河北省的金融运行报告。

表5－8中显示的金融机构个数、从业人员数和资产总额这些规模指标都表明江苏省的远高于河北省。我们再进一步的观察其中隐含的效率指标。

（1）银行机构的市场化。表5－8显示，江苏省的金融机构不仅在数量上超过河北省，而且更主要的是在结构上更加多元化，稀释了国有独资商业银行的垄断性，竞争程度加剧，股份制商业银行、城市商业银行、邮政储蓄和外资银行这些运行效率较高的机构数量明显高于河北省，市场化程度较高，其中尤以股份制商业银行，邮政储蓄和外商银行的差距较为突出。国有金融机构占比的下降，会降低因为产权制度障碍带来的效率损失，激活其他非国有金融中介机构的市场活力，有利于推动银行的市场化、企业化改革，使银行更能按照市场化运作机制追求资金的高效配置。同时，外商银行的不断加入也会给银行机构注入新的活力。

（2）职工人均资产额。这是金融发展中反映金融运行效率的一个重要指标，人员配置需和规模相匹配，从业人员人均资产额越高意味着劳动效率越高。表中数据显示，除股份制商业银行、财务公司、外商银行，江苏省的职工人均资产额指标都比河北省高。我们把各金融机构职工人均资产额的差值（江苏省减去河北省的数据差值）计算出来发现，差距从大到小依次是国家开发银行和政策银行（12535元）、城市商业银行（2708元）、大型商业银行（1980元）、信托公司（1756）、邮政储蓄（1550）、农村金融机构（1475元）、新型农村金融机构（899元）、股份制商业银行（－601元）、外商银行（－648元）财务公司（－5894元）。国家开发银行和政策性银行有很多行政干扰因素，两省的可比性较差，因此，我们主要比较其他几个银行机构的人均资产额。从上面的差值计算结果看，两省的城市商业银行运行效率差异最大，其次是大型商业银行，这说明江苏省商业银行的整体运营效率都明显高于河北省。虽然河北省外商银行和股份制商业银行的职工人均资产大于江苏省的职工人均资产，但是无论从机构数还是资产总额来看，江苏省的均远远大于河北省，所以河北省与江苏省在金融机构的发展方面还是有一定差距的。

（3）金融创新带来的效率提升。金融机构的市场化必将有利于推动金融创新，进一步促进金融中介业务多元化和经营范围的混业化。业务多元化会提高金融中介机构的竞争效率，同时也为储蓄者提供较多的选择机会（贷款在资金运用中的比例下降，证券投资、金银占款、外汇占款、在国际机构净资产等增多），从而降低经营风险并带来资金的高效率配置。经营范围的混业化又使得金融中介机构通过提供组合产品获取范围经济的好处，不仅因为固定成本得到分摊而降低了成本，还在于信息互补导致的成本节约。

两省证券业的基本情况见表5－9。

表 5－9　2013 年两省证券业基本情况的比较

项　　目	江苏省	河北省
总部设在辖内的证券公司数/家	6	1
总部设在辖内的基金公司数/家	0	0
总部设在辖内的期货公司数/家	10	1
年末国内上市公司数/家	235	48
当年国内股票（A 股）筹资/亿元	158	104.9
当年发行 H 股筹资/亿元	35	43.5
当年国内债券筹资/亿元	2553	394.6
其中：短期融资券筹资额/亿元	825	96
中期票据筹资额/亿元	394	49

表 5－9 显示的总部设在辖内的证券、期货公司数、上市公司数，河北省的数量均小于江苏省，其筹资额也远远低于江苏省。通过查询两省的金融运行报告得到具体的数据来比较两省证券公司的经营能力。2013 年末，江苏省共有法人证券分公司 6 家，净资产总额 529.3 亿元，同比增长 4.5%，全年营业收入 104.2 亿元，同比增长 28.6%，净利润 31 亿元，同比增长 56.6%；河北省 2013 年共有证券公司 1 家，证券营业收入 17.5 亿元，同比增长 36.4%，利润总额为 6.7 亿元同比增长 134.6%，净利润 6.3 亿元，同比增长 1.5 倍。从这些数据可以看出江苏省证券公司的总体经营能力比河北省的经营能力高。但是比较两省的证券公司的净利润、利润总额、全年营业收入的同比增速，河北省的增速是要高于江苏省的，这说明河北的证券业水平虽然较低，但其发展速度在不断提升。

5.4.2.2　金融市场发展效率的比较

证券化率是衡量金融市场发展效率的重要指标，是各类证券总市值与国民生产总值的比值，实际计算中证券总市值通常用股票总市值来代表，证券化率越高意味着金融运行效率越高，也意味着在国民经济的地位越高，因此它是衡量一国证券市场发展程度的重要指标。表 5－10 为两省证券化率的比较。

表 5－10　两省证券化率的比较

年份	河北省			江苏省		
	股票市价总值/亿元	GDP/亿元	证券化率/%	股票市价总值/亿元	GDP/亿元	证券化率/%
2004	709.94	8477.63	8.37	1943.8	15003.60	12.96
2005	552.46	10012.11	5.52	1729.45	18598.69	9.30

续表 5－10

年份	河北省			江苏省		
	股票市价总值/亿元	GDP/亿元	证券化率/%	股票市价总值/亿元	GDP/亿元	证券化率/%
2006	875.89	11467.60	7.64	2595.17	21742.05	11.94
2007	3527.23	13607.32	25.92	7881.4	26018.48	30.29
2008	1388.65	16011.97	8.67	3471.99	30981.98	11.21
2009	3121.42	17235.48	18.11	8874.4	34457.30	25.75
2010	3482.97	20394.26	17.08	13000	41425.48	31.38
2011	3165.55	24515.76	12.91	11090	49110.27	22.58

数据来源：中国金融年鉴，中国统计局官方网站。

为了更好地比较两省证券化率的变动，根据表 5－10 制图 5－5。从图中可以看出，河北省和江苏省在 2007 年证券化率分别达到 25.92% 和 30.29%。在 2008 年由于金融危机的影响，两省的证券化率呈现出较低水平，之后几年有所恢复，这说明证券市场的发展与宏观经济有密切关系。通过比较，两省的变动趋势是一致的，但是江苏省的证券化率一直高于河北省，显示江苏省的金融市场效率要高于河北省。

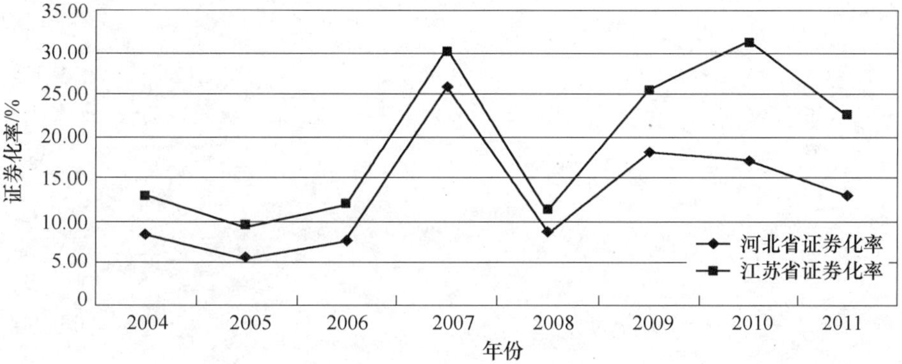

图 5－5 两省证券化率比较

通过上面的比较分析可以发现，两省资本形成中的金融机制差距非常明显。由于存在较高的市场化程度，江苏省的金融发展规模和金融体系的投资转化效率都远远高于河北省的水平。金融机构较高的市场化水平可以使金融资源的配置更符合经济发展的客观要求，更加有效地实现投资的转化，从而带动金融与经济良性循环局面的逐步形成。而河北省金融机构在资本形成的投资转化中，更多的受政府行政力量的控制，资金配置效率低下，金融成长受到压制，经济发展中的资本缺口不能得到有效解决，经济增长减缓。经济的缓慢发展，反过来又不能提供充足的可动员的储蓄资源，金融发展由于资金来源的短缺进一步受到压制，经济与金融进入了恶性循环的局面。需要说明的是，在直接融资对资本形成的作用上，两省近些年都表现出较好的发展趋势，但差距也是显而易见的。虽然直接融资在总融资额的占比不大，但正如前面所提到的那样，其风险定价功能以及产权界定功能都是间接金融所不能比拟的，它可以更好地依据效率原则较为灵活地在社会范围配置有限的资金。因此，我们应正视两省直接金融在资本形成中的差距，在构建储蓄－投资的金融转化机制时应逐步提高直接金融的比重，协调直接金融与间接金融的关系。

6 结束语

6.1 结论

前面5章对江苏、河北两省资本形成机制与效率的比较研究，得出以下结论：

（1）在资本形成的储蓄动员机制中，收入水平是决定两省储蓄增加的基本源泉，但由于两省各自的城市化水平不同，城乡居民收入差距明显，从而对储蓄产生的影响表现出不同的特征。

根据储蓄理论的各种思想，收入是决定储蓄的基础，我们在对两省储蓄动员机制的研究过程中，主要从收入的比较分析入手。两省GDP、人均GDP、人均收入存在着显著的差距，江苏省的各个指标都显示出其较高的发展水平。从增长的速度上来看，江苏省明显快于河北省，两省的差距正呈现出不断扩大的趋势。江苏省雄厚的经济积累和快速的经济增长为其储蓄资源的动员提供了充足的来源，表现在储蓄量上就是江苏省的城乡居民储蓄存款额和人均储蓄存款额都大大高于河北省的居民储蓄规模。

进一步的，不同的城市化水平决定了不同的人口结构，进而形成了城乡居民间极大的收入差距，这会进一步影响两省居民的储蓄规模和结构。我们在分析中对城镇居民和农村居民进行了分类比较。比较中发现，两省城市化水平存在较大差异，处于不同的城市化阶段。江苏省1990年的城市化水平就已经相当于河北省2002年的水平，城镇人口占总人口的比例为21.56%，到2005年江苏省的城镇人口和农村人口基本各占一半。江苏省较高的城市化水平对应着较多的城镇居民，因为城镇居民收入高于农村，城乡居民在储蓄习惯、生活习俗、消费观念、社会保障、储蓄渠道上存在很大差异，所以会形成不同的储蓄倾向，从而影响到整体储蓄水平。河北省较低的城市化水平，对应着较少的城镇居民，在城乡居民收入差距中表现为多数年份农村居民收入占绝对比重。显然，不同的人口结构对应了不同的收入结构和不同的储蓄倾向。同时，我们还通过对居民储蓄存款的城乡比较，发现城镇居民储蓄存款占比都大于农村储蓄占比。因此一个明显的结论是：江苏省城乡居民收入处于较高的水平，且城市居民收入大大高于农村，大量的城市居民和城市居民大量的收入为储蓄额的增加提供了可靠的来源，表现在居民储蓄存款上就是城镇居民储蓄水平较高。河北省虽然城市居民收入高于农村，但都处于相对较低的水平，较少的城市居民和城市居民建立在低收入水平基础上的收入提高不能带来较大的储蓄增加，从而形成了与江苏省储蓄额的较大差距。换句话说，由于较高的城市化水平，江苏省较多的城镇居民及其较高收入积极推动了储蓄额的形成，而河北省则因为较低的城市化水平，较少的城镇居民及其相对较低的收入没办法支撑起较高的储蓄形成，由此形成了两省明显的储蓄差距。对于这样的结论，我们在进一步的实证分析中得到了检验：城市化对居民储蓄有重要影响作用。

（2）在资本形成的投资机制中，通过对固定资产投资的经济成分和投资机制的省际比较，发现两省投资中国有资本投资仍占有较大比重，但市场化的投资占比明显增加，投资的资金来源渠道不断拓宽。

通过对两省投资总额的比较，发现江苏省历年投资额远高于河北省，并且呈现出越来越大的差距。剔除人口因素以后的人均国有经济投资额比较结果显示，从2000年开始，江苏省的人均国有经济固定资产投资增速与河北省的差距迅速扩大。在投资推动的经济增长模式下，投资规模如此大的差距，无疑是导致两省经济发展差距扩大的重要原因。结合投资结构的比较分析，两省表现出很大的差距。江苏省国有经济对固定资产投资的控制程度远低于河北省，多种市场化经济成分投资由于其灵活的机制、通畅的资本形成渠道，在带动高水平的总投资形成上做出了重要贡献。河北省的固定资产投资主要还是受国有经济控制，国家行政控制机制僵化、资金资源有限、资本形成率低，从而在投资形成数量上表现出较低的水平。进一步地观察市场化经济成分投资构成，我们发现两省外商经济投资表现出的差距最大，江苏省资本形成机制中外资的利用具有重要地位。河北省外商经济投资占比远低于江苏省，并在投资中占极小比重，反映出对外开放程度还远远不够。对比于江苏省外资利用对其投资和经济增长发挥出极大的带动效应，河北省在利用外资上则显得明显落后。

已有研究表明，市场化经济投资由于存在价格机制、利润驱动机制、收益分享机制、风险机制等的影响，可以引导而不是干预投资主体的行为方式，表现出较为通畅的投资渠道和较高的投资效率。由于市场化经济投资本身并不包含任何引导的倾向性，因此常常体现为投资主体多元化、投资决策多层次、投资方式多样化、投资来源多渠道，更多地依靠市场机制作用和经济杠杆的发挥来调节资本要素的配置，有助于实现投资资源的高效使用。而在政府主导的国有经济投资中，往往体现出经济政策及政府调控的倾向性，反映的是政府根据某一时期宏观经济目标的实现状况对投资主体行为的一种诱导，包含着明显的政府意愿。相比两种不同的投资形成机制，市场化经济投资具有更明晰的资源产权关系、更完整的主体层次和结构、更有效的资源协调方式，从而更加适应市场经济的要求，体现出更大的合理性和效率性。江苏省作为经济发达省份，市场化程度和对外开放程度较高，市场化经济投资占比远高于河北省。在市场化投资的推动下，资本形成便进入了良性循环的轨道：市场化程度越高　　资本形成数量和效率越高——经济产出水平越高，经济产出水平的提高一方面推动了市场化投资的进一步形成，另一方面还会通过提高储蓄率为资本积累提供坚实的物质基础。这样，市场化的资本形成便源源不断，周而复始。河北省则因为国有经济掌握着大量的投资资源，遏制了资本形成进入良性循环的轨道。

在对固定资产投资的资金来源比较中，我们发现河北省资本形成的资金来源渠道比较狭窄，除了自筹投资以外主要依靠国内贷款。在经济发展的市场化程度较低的情况下，河北省的贷款资源分配也主要出自市场化程度较低的国有金融机构。事实上由于市场化程度较高的金融机构要追求盈利，实现“三性”的平衡，很少将贷款投放于固定资产投资领域，只有国有金融机构在实施政府宏观意图时才会例外。因此，河北省固定资产投资对国内贷款的依赖性在一定程度上也反映了其金融发展较低的市场化水平。

（3）在资本形成的金融转化机制中，通过金融中介机构转化形成的资本始终占绝对主导地位，直接融资规模不大且占比很小。在这一既定的金融特征下，两省的金融机制同时存在着国有金融对金融资源的有力控制，都面临一定的金融抑制，但江苏省的金融机构凭借其高度的市场化实现着较高的投资转化。

通过对两省间接金融的规模比较发现，整个20世纪90年代在两省都存在金融抑制的情况下，作为经济发达的省份，江苏省的金融抑制程度更为突出。但随着21世纪以来金融市场化程度的逐步提高，江苏省的金融发展水平随之显著提高。而河北省金融资源高度行政控制的特征，体现出其较低的金融市场化水平，进而表现出较低的金融相关率。对直接金融的规模比较，也证实了河北省的市场化程度远不及江苏省。金融市场化程度的提高有利于推进资本的市场化形成，积极推动经济的发展，从而形成金融与经济互动的良性循环。显然，正是因为金融市场化程度的较大差距，形成了两省较为悬殊的金融发展水平，表现出不同的金融相关率。

对金融体系投资转化效率的进一步比较分析，我们发现，两省资本形成中的金融机制差距非常明显。由于存在较高的市场化程度，江苏省金融体系的投资转化效率远远高于河北省的水平。显然，较高的金融市场化水平促使金融资源的配置更符合经济发展的客观要求，更加有效地实现投资的转化，从而带动金融与经济良性循环局面的逐步形成。而河北省金融机构在资本形成的投资转化中，由于金融资源更多的受政府行政力量的控制，资金配置效率低下，金融成长受到压制，经济发展中的资本缺口不能得到有效解决，经济增长减缓。经济的缓慢增长，反过来又不能提供充足的可动员的储蓄资源，金融发展由于资金来源的短缺进一步受到压制，经济与金融进入了恶性循环的局面。

在直接融资对资本形成的作用上，两省近些年都表现出较好的发展趋势，但差距也是显而易见的，这也从一个方面反映出市场化程度对金融机制投资转化效率的显著影响。虽然直接融资在总融资额的占比不大，但正如前面所提到的那样：在现代经济中，通过直接金融所完成的资金配置规模也许在全社会储蓄向投资转化的活动中不占主导地位，但其风险定价功能以及产权界定功能都是间接金融所不能比拟的，它可以更好地依据效率原则较为灵活地在社会范围配置有限的资金。因此，我们应正视两省直接金融在资本形成中的差距，在构建储蓄－投资的金融转化机制时应逐步提高直接金融的比重，协调直接金融与间接金融的关系。

6.2 建议

因为在两省的比较中，河北省的资本形成无论是在储蓄、投资环节，还是在金融机制转化环节上都与江苏省存在显著差异，导致其最终的资本形成额较低。鉴于此，我们站在河北省的角度提出增加资本形成及提高资本形成效率的建议。

（1）转变政府职能，优化市场环境。要提升市场化水平，从思想和制度上消除障碍，首先需要转变政府职能和优化市场环境。

1）积极推进行政审批机制创新。

站在长远角度，科学规范地建立起合理的审批管理机制、规范高效的审批运行机制、严密完善的审批监督制约机制、经常性的监督检查机制、新设定行政许可项目审查论证机制、相对集中行政许可权制度和行政审批廉政风险防控机制等制度。在减少和下放行政审批项目后，对保留下来的行政许可审批项目，必须做到审批对象、内容和审批条件的充分明确，加强监督制约，以“阳光审批”切断审批和收费之间可能存在的利益关系。审批过程中做到统一受理、集中办理、首问负责、限时办结等配套制度，简化审批程序以提高行政审批的效率。对于审批结果，做到公开透明，接受社会各界的监督。

2）降低市场准入“门槛”。坚持“非禁即准、非限即许”原则，进一步放宽经营范围和投资领域，除法律法规明确禁止或限制的行业外，全面放开经营，给予民间资本更多的机会。鼓励社会资本特别是民间资本投资公共服务、资源环境、生态建设、基础设施等重点领域，加强薄弱环节建设，强化创新发展优势，切实发挥投资对稳定经济增长的关键作用。

3）改善涉企收费行为和税收环境。凡未经国家法律法规、国务院、省政府及省财政、物价部门审批设立的行政事业性收费项目一律予以取消，进一步规范行政事业性收费，合理确定收费标准，规范收费行为的自由裁量权。按照国家发展改革委《关于治理规范经营服务性收费的通知》（发改价格［2010］877号）和国家发展改革委、财政部、民政部《关于治理规范社会团体收费的通知》（发改价格［2010］1182号）要求规范经营服务性收费，尤其针对事业单位、社会团体、中介机构和垄断行业借用行政权力或垄断地位提供服务的收费，任何部门和单位不得以任何方式指定中介机构对企业强行服务收费。

在税收环境的完善上，建立起有效的税收政策调研、分析和反馈机制，在广泛征求各级市场主体反映出的对税收工作的意见建议后，针对企业发展的税收需求，强化对各项税收法规政策的研究分析，找到如何用足、用活优惠政策的基本思路，提出完善税收政策建议并细化落实。后续服务中进行政策服务跟踪回访，组织对税收优惠政策落实情况及税收执法行为进行全面检查，发现问题纠正问题，最大程度维护企业的合法权益。

4）提供便民服务。充分利用科技信息技术创造便捷的服务环境，加快推进网上行政服务中心建设，建立完善各级行政服务中心行政审批系统功能，全面推行网上审批。建立规范行政服务中心的门户网站，将有关行政审批事项的关键信息实时、动态地公布在门户网站，并可以最大程度利用网络实现与客户的实时对接。网上审批的后台管理需要建立完善电子监察平台，全面监控行政审批的实施过程，确保行政服务中心运转有序、管理规范、公开透明、高效廉洁。针对行政服务中心的管理，在审批程序、审批时限、公开方式以及窗口工作人员服务用语、服务态度等方面加强规范管理。

（2）促进民营经济和外商投资快速发展。

1）提高民营经济活力。民营经济是河北省的差距所在，也是潜力所在。推进民营经济加快发展，是全面深化改革、转变经济发展方式、提升市场化水平的现实要求。推进民营经济加快发展，其核心是处理好政府和市场的关系，使市场在资源配置中起决定性作用和更好发挥政府作用；其前提是大力倡导全民创业、劳动致富的社会风尚以激活市场主体，破解要素制约，提高资源配置效率和公平性。在激活民营资本方面，国家已经出台系列政策法规鼓励公共服务领域引入民间资本利用政府和社会资本合作（PPP）模式，努力扩大民间资本的经营范围和投资领域。河北省要抓住契机，充分发挥民间资本优势，争取将全省政府和社会资本尤其是民间资本的合作范围覆盖到全部适宜项目上去，形成投资、建设、运营的市场化体系和投资、补贴、价格等政策性要素的协同机制，推广PPP模式。在公共服务、资源环境、生态保护、基础设施等领域，积极推广PPP模式，规范选择项目合作伙伴，引入社会资本，增强公共产品供给能力。同时严格按照预算管理有关法律法规，完善财政补贴制度，切实控制和防范财政风险，健全PPP模式法规体系，保障项目顺利运行，实现市场机制发挥更大作用。通过 PPP 方式盘活存量资源后的变现资金要用于重点领域建设。

同时还要大力组织民营企业实施品牌战略，分行业、分领域制定民营企业产业技术改造规划，支持和实施一批产业关联度大、技术水平高、市场前景好的重点技改项目。在加强技术创新服务方面，鼓励和引导科研单位、大专院校面向民营企业全面开放重点实验室、研发中心等技术机构，加快科技成果向民营企业转化应用，支持和帮助民营企业进行新产品研发、技术攻关、科技创新，建立健全“开放、互补、互利”的产学研合作机制，显著提高民营企业技术引进、消化吸收和再创新的水平。

2）引进外资。针对河北省市场化经济投资占比较低的现状，建议积极改善投资环境，尤其注重最大限度地吸引外资。由于河北省外资挤入效应较大，在吸引 FDI 方面对促进本省经济发展非常有利。在发达省份引进外资的经验启示下，河北省应充分重视 FDI 的挤出效应，积极引导外资投向，优化外商直接投资的产业结构，重视提高利用外资的质量和效益，增强外资的产业挤入效应和技术溢出效应。应根据本省的实际情况，积极规划，做好引导，鼓励 FDI 进入河北省的空白、劣势行业（如电子、机械制造以及高新技术产业），积极做好配套，培育相关产业，抓住机遇完善产业链提升产业竞争力。从长远来看，随着 FDI 占 GDP 比重的增加，必然导致挤入效应弱化挤出效应明显，但只要始终把提高本省产业竞争力特别是提升本地企业竞争力作为吸引 FDI 的核心目标，就能更大程度地实现挤入效应，缓解挤出效应。

（3）加快城镇化建设。河北省是一个农业大省，属于东部沿海地区经济较不发达省份之一。河北省的新型城镇化应着眼于京津冀协同发展的角度来考量，省委、省政府已经作出了以县城建设为重要突破口，坚持城市、产业、生态、文化深度融合，推动新型城镇化发展的重大战略部署。经过大力度推进，河北省城镇化进程不断加快——基础设施逐渐完善、城市形象不断提升、承载能力明显提高、生态环境逐步改善，涌现出一大批山水园林城市。

根据“纳瑟姆曲线”，城市化一般分为三个阶段：初期阶段城市化率在 30% 左右，是城市化的起步阶段；中期阶段（加速期）城市化率在 30% ~70% 之间，是城市化的加速期；后期阶段城市化率高于 70%，是城市化的成熟时期。河北省自 21 世纪初城市化率超过 30%，近几年来以年均提高 1.5 个百分点的速度推进，2010 年达到了 45.3%。这些都表明，河北省已经进入不可逆的城市化加速时期。该阶段城市化更加注重统筹城乡发展，而不是城乡分制，城市单独发展。根据这样的判断，发展区域中心城市是河北省新型城镇化的重要途径。目前河北省有 11 个地级市，发展区域中心城市就是首先使这 11 个地市级中心城市做大做强，形成集聚辐射和辐射带动作用。

目前河北省不仅城镇化率低于全国平均水平，而且城镇平均人口规模也比较低。所以在城镇化过程中首先需改变这种状况，否则不仅庞大的农村人口无法消化吸纳，而且难以形成相应的企业集聚和强大的经济实力，城市群是河北省城镇化发展的必然选择。新型城镇化还要注意解决“三农”问题，二元经济结构矛盾是河北省经济结构中最突出的矛盾，人地关系高度紧张是河北省农村发展、农民致富最大的制约因素，减少农民的根本途径就是需要借助推进本省的城镇化。减少农民、富裕农民，缩小城乡差距，城乡统筹发展，是新型城镇化的必经之路。

（4）建立多元高效的金融体系。间接金融作为储蓄－投资转化的主导机制，应充分提高间接金融的运行效率——推进间接金融市场化；同时，积极培育直接融资市场，实现融资渠道多元化。

1）增多做强金融市场主体。河北省金融机构多元化程度不高，主要是农村金融市场主体数量偏少、活力不足、实力不强，金融服务薄弱。金融体系以银行贷款为主的间接融资比例过大，现代金融工具运用少，金融产品单一，融资性担保机构发展水平低，投资银行业务发展缓慢。同时直接融资比例较低，上市公司数量偏少，规模偏小，盈利能力弱，再融资能力亟待加强。债券市场的发行规模较小，以私募股权基金为代表的各类基金、柜台交易市场刚刚起步。

针对这些突出问题，河北省应努力增多做强金融市场主体，加强与省外金融机构的联系，努力引入省外股份制商业银行到本省设立分支机构。同时也要有效推进现有股份制商业银行在其他设区市增设分支机构，特别是要引导向没有股份制银行的设区市增设机构，支持城市商业银行跨区域经营，向县域和域外增设分支机构。市场主体增多，形成高效竞争格局，才能进一步增强金融市场活力。作为农村金融市场的主体，农村信用社的改革创新要加快推进，主要加快股份制改造步伐，加快推进农信社产权制度改革，转换经营机制，争取将一些符合条件、有经营实力的县级联社尽快改制成农村商业银行，形成示范效应。

2）大力发展资本市场，提高直接融资比重。

① 加大推进企业上市。着力组织一批具备条件的国有大型企业集团在国内主板整体上市，积极培育一批民营企业到中小企业板上市，择优推动一批科技型中小企业和高成长企业到创业板市场上市，努力把一批形象良好的行业标志性企业推到境外资本市场上市。针对不具备条件的非上市公司，创造条件鼓励进入股权交易市场挂牌融资。多管齐下，通过再融资、兼并收购、整体上市等实现行业整合和产业升级，全面打造一批具有河北特色的、适合河北省产业结构调整的上市公司群体。

② 积极发展债券融资。与股票市场相比，债券市场更是“短腿”，公司债市场十分弱小，机构债券市场还没有起步。鼓励发展债券市场有很大的空间，尤其

要扩大公司债、机构债的发行规模，允许地方政府发行政府债。具体来说，要引导符合条件的企业通过发行企业债券、公司债券、集合债券、中期票据和短期融资券筹集资金，探索市政建设债券和地方政府债券发行试点，拓宽直接融资渠道。债券市场的良好发展可与股票市场形成良好制约，且为股票价格形成机制的合理化提供基础，同时还能减轻银行的贷款压力。

③ 探索发展期货市场。现阶段，期货市场创新加快，各类新的交易品种和交易方式不断涌现，互联网金融也为期货行业创造了创新的机遇。河北省应抓住这一发展机遇，积极引进省外期货公司，在促进期货经营机构多元化、培育期货机构投资者的同时，积极发展订单农业，鼓励涉农部门及生产、加工、流通和外贸企业利用国内期货市场进行价格发现和套期保值。同时注意优化期货新品种上市机制，努力开发适应市场需要的新品种、新工具，完善期货衍生品市场体系。

④ 推进股权交易市场的发展。目前我国场外股权交易市场有中关村系统、天交所以及重庆、上海、深圳、浙江等地的股权交易所，而由证监会监管的只有中关村代办系统一家，其余的均由各地方政府管理。河北省要密切依托北京中关村代办股份转让系统、天津交易所和河北环境能源交易所，积极推动本省中小企业开展股权场外交易，吸纳私募股权投资基金等战略投资者进入，规范公司治理结构，推动本省非上市股份制企业股权交易和节能减排企业碳排放量交易。同时需要通过政府金融管理部门的引导和政策支持，让更多的小企业了解股权融资的优势，提高股权交易所的社会认可度，提高企业挂牌交易的积极性。通过改制上市、完善公司治理结构和规范财务运作，让挂牌企业切实体会到挂牌上市的好处。同时，通过不断创新交易品种、交易模式、交易平台，全面拓展股权交易、金融资产交易、环境能源交易，把产权交易做精做细，推进产权市场创新发展。

3）通过创新驱动金融产业全面发展。

① 积极推进机构创新。发展壮大非银行金融机构和各类相关中介机构，增强实力、完善功能，提升盈利水平。支持金融租赁公司积极开拓融资渠道，拓展公司经营范围。支持本土的财达证券公司开办直接投资、并购财务顾问业务，择机实现上市目标。鼓励恒银期货公司拓展网点，增强实力，加快走出河北的步伐。针对各类资产管理公司，积极进行财务重组，完美实现商业化转型。加快中小企业担保体系建设，争取组建本省的省级担保集团。对会计、审计、资产评估、投资咨询、保险代理等各类中介机构的建设发展，要不断提升服务水平。

② 进行产品和金融业态创新。创新金融产品，积极引进和开发新的金融衍生产品，在实现融资模式多元化的同时，推动传统金融业务改造升级，加快金融工具、技术、服务、市场和机制创新，既要盘活现有存量，发展中间业务，又要推动金融服务水平和整体竞争力的提升。伴随居民与日俱增的财产性收入的需要，产品创新要紧紧围绕满足居民各类理财服务的主题。积极探索发展新型金融

业态，为实现金融资源的组合式发展和集群式运用，引导支持企业综合运用多种金融工具。

③ 推动设立各类股权投资基金。加强政策引导，提升股权投资基金支持企业创业创新和产业发展的效能。一是研究完善有关税收优惠政策，在现行对创业投资企业投资未上市科技型中小企业按照投资额的70%抵免所得税的基础上，加大对投资种子期、初创期中科技型小企业有关抵免力度，适当提高抵免比例。二是加强政府背景股权投资基金政策性和市场性的统筹衔接，进一步发挥对民间投资的引导带动作用。政府部门不干预基金投资运行，完全按照市场化方式管理基金，提高基金运行效率。地方政府设立的股权投资基金在兼顾市场性的基础上，还应结合当地自然条件、市场优势，按照主体功能区定位进行投资，提高区域政策的精准性。同时，着眼长远，结合金融市场改革，逐步放宽对保险资金、社保资金、住房公积金等的投资限制，从根本上拓宽股权投资的募资来源。大力引进境内外知名的、有实力的大型股权投资基金到河北省建设分支机构，参与河北省企业的兼并重组，支持中小企业的发展。

6.3 有待研究的内容

（1）全书围绕资本形成的三要素分别做出省际比较，简化了各要素之间相互的作用机制，需在以后的研究中进一步改进。在各个要素的分析中，就其中主要的方面展开比较，忽略了其他一些相对次要的内容。比如储蓄分析只针对储蓄的主体——居民储蓄展开，没有考虑企业储蓄、政府储蓄、国外储蓄等。在投资的分析中只针对固定资产投资，没有考虑存货投资。在储蓄－投资转化机制中，没有考虑财政机制而主要对金融机制的转化能力作了比较分析。

（2）研究过程中对理论思想的借鉴略显薄弱，没有深入解释借鉴这些理论的根据。

（3）在资本形成的比较中，更多地侧重了资本形成的数量，对资本形成质量的探讨不够深入，如固定资产投资中没有分析资本产出率，金融机制转化中对转化效率的分析不足，这些缺憾有待进一步展开深入的研究。

（4）书中所用数据虽然源自两省权威的统计年鉴，但在分析中还是发现个别数据质量不够高（但不影响总的结论），与现实情况有出入，如两省直接融资额数据。因为技术问题没能做出合理的修正，有待以后改进。

附　录

附录1　河北省民营经济“十二五”发展规划

为推动我省民营经济持续快速健康发展，根据《河北省国民经济和社会发展第十二个五年规划》，制定本规划。

一、“十一五”期间我省民营经济发展情况

（一）基本情况

“十一五”期间，民营经济实现增加值年均递增速度达17.7%，占全省国内生产总值的比重由52.4%上升到59.3%；民营经济实缴税金年均递增速度达25.3%，占全省财政收入的比重由43.4%上升到57.6%，民营经济已成为全省国民经济的重要支撑力量。

（二）主要特点

（1）规模企业数量增加，支撑拉动作用增强。“十一五”期间，民营规模以上企业发展迅速，到“十一五”末，年营业收入500万元以上民营工业企业达12167家，比“十一五”初期增加4489家，年均增加898家。“十一五”期间，民营企业规模迅速扩大，平均年营业收入由初期的791万元/家提高到1423万元/家。民营规模以上工业企业实现增加值年均递增速度达27.4%，高于全部民营企业近9个百分点，在民营企业中的比重由“十一五”初期的44.5%提高到63.9%，成为支撑拉动我省民营经济发展的主体。

（2）结构调整逐步深入，优化升级效果明显。结构调整、产业升级、技术创新等在民营企业中全面深入开展，成效明显。第三产业比重由“十一五”初期的21.3%上升到27.1%，其中物流、网络营销等新兴产业发展迅速。全省高新技术企业中民营企业占90%以上。全省民营企业拥有中国名牌产品26个，占全省总量的53.1%，比“十一五”初期增加15个；中国驰名商标56个，占全省总量的59.6%，比“十一五”初期增加48个；省名牌产品504个，占全省总量的61.3%，比“十一五”初期增加321个；省优质产品396个，占全省总量的78.4%，比“十一五”初期增加145个；省著名商标1327件，占全省总量的73.0%，比“十一五”初期增加843件。

（3）固定资产投资高速增长，发展后劲明显增强。民营企业固定资产投资

总额以年均25.5%的速度递增，投资总量翻了一番多，占全社会总投资的比重达45.6%。民营固定资产投资呈现大项目多、高科技含量项目多、结构调整项目多的特点。“十一五”末，全省在建施工项目达29130个，其中亿元以上项目达1376个。新建项目、技改项目成为拉动民营经济增长的强劲动力。

（4）产业聚集规模效应显著，园区建设成效突出。产业集群发展迅速，年营业收入5亿元以上的产业集群达308个，比“十一五”初期增加141个，100亿元以上产业集群达29个，增加24个。集群经济总量占全部民营经济的比重上升了近10个百分点。产业园区建设呈现规模大、起点高、配套服务逐步完善的特点，全省民营企业各类产业园区达394个，入区企业单位达24.7万个，园区经济总量占整个民营经济总量的比重达23.1%，园区内平均企业个数由“十一五”初期的164个上升到626个。

（5）应对金融危机成效明显，出口贸易恢复增长。全省民营出口企业7798家，其中年出口交货值500万元以上企业1358家，2010年出口产品交货值达1151.9亿元人民币，占全省出口总量比重达60%以上。民营企业自营出口比重增大，由“十一五”初期的66.2%上升到73.7%。企业平均出口规模增大，由“十一五”初期的396.9万元/个上升到1477.2万元/个。

（6）从业人员增长较快，工资性收入增幅较大。民营经济从业人员年平均递增速度达4.5%，队伍素质有了较大提升，从业人员中具备中专及技校以上学历人员达258.1万人，占从业人员总数的比重由10.7%上升到15.8%；从业人员中获初、中、高级职称人数达66.9万人。民营经济成为社会劳动力就业主渠道。民营经济从业人员占社会二、三产业从业人员三分之二以上，年均吸纳城镇下岗失业职工25万人。民营企业劳动者报酬年均递增速度达14.8%，2010年人均工资达到10398元，成为城镇人均可支配收入和农民人均纯收入的主要来源。

（7）服务体系建设步伐加快，服务能力明显增强。中小企业创业辅导基地建设发展迅速，全省建成各类中小企业创业辅导基地290个，改扩建标准厂房1200万平方米，吸纳入驻企业总数达11600家，安排就业人员34万人。融资担保体系建设日益健全，全省建立担保机构387家，其中注册资本亿元以上机构61家，5000万以上机构118家，全省担保机构资本金总额101.2亿元，担保总额402.27亿元。产业集群技术服务机构日益完善，建设技术研发、产品检测、信息服务等公共技术服务平台150个，其中省级示范平台13个，技术服务能力明显增强。人才培训力度加大，实施“适用人才聚集”、“重点人才培养”和“全员素质提高”三大工程，依托200个中小企业远程教育培训基地指导企业自主培训，年均培训企业经营管理人员1000人以上，完成各级各类培训100万人（次）。

（三）主要问题

（1）发展环境需进一步优化。国家和省制定了一系列支持民营经济发展的政策措施，但不同程度存在着政策落实不到位和民营企业办事难、负担重的问题。

（2）结构性矛盾依然突出。民营企业重工业比重过大，低附加值企业较多，技术水平不高，市场竞争力弱，部分企业环境污染、产品质量安全问题仍然突出。与先进省份相比，我省民营企业无论是规模上还是发展速度与质量上都存在较大差距。

（3）部分生产要素供给不足。融资渠道少，资金短缺是企业发展的重要障碍。中小规模民营企业项目很难列入重点项目，用地困难大。适用人才短缺，劳动力成本大幅上扬，企业盈利水平降低。

（4）企业自主创新能力不强。拥有自主知识产权、自主品牌的技术和产品比重低，企业研发费用投入不足，新产品、新技术研发能力较弱。

（5）转变发展方式和节能减排压力增大。部分民营企业仍处于粗放生产经营阶段，资源依赖型企业多，粗加工产品多，精加工产品少，由于投入不足、人才匮乏，转变发展方式难度较大。一些高耗能、高污染企业面临严峻的节能减排形势，民营钢铁企业和重化工企业、建材企业淘汰落后产能任务艰巨。

二、“十二五”期间我省民营经济发展的指导思想和主要目标

“十二五”期间，我省民营经济具备了持续快速健康发展的坚实基础和有利条件。京津冀区域经济一体化、首都经济圈纳入国家“十二五”规划，河北沿海地区发展规划上升为国家战略，冀中南地区被列为国家层面的重点开发区域，首都新机场将在北京市和廊坊市交界处兴建。这是我省民营经济发展面临的新的重大历史机遇。牢牢抓住和利用好这些机遇，我省民营经济就能够实现大发展、快发展。

（一）指导思想

深入贯彻落实科学发展观，以科学发展为主题，以加快转变经济发展方式为主线，深入实施“一产抓特色、二产抓提升、三产抓拓展”的经济发展战略，着力优化发展环境，强化服务体系建设，加大政策、资金扶持力度，推进民营经济产业、产品和组织结构优化升级，提高民营经济质量、效益和企业素质，保持民营经济又好又快发展，为建设经济强省、和谐河北作出更大贡献。

（二）主要目标

增加值年均增长15%以上，到2015年末在2010年基础上翻一番以上，占全

省生产总值的比重达到70%以上。

实缴税金年均增长16%以上，到2015年末占全省全部财政收入的比重达到65%以上。

出口产品交货值年均增长20%以上，到2015年末达到3000亿元人民币左右。

固定资产投资年均增长15%以上，到2015年末占社会总投入的比重达65%以上。

到“十二五”末，民营经济从业人员占全社会二、三产业从业人员的比重达到70%以上。

三、“十二五”期间我省民营经济发展的主要任务

（1）不断优化产业结构。坚持走新型工业化道路，提升民营工业企业发展质量和效益，提高核心竞争力。改造提升传统制造业，大力发展高新技术产业，积极促进两化融合。优先发展生产性服务业，做大做强做精生活性服务业，大力发展高端服务业。到2015年，第三产业比重争取占民营经济总量的三分之一以上。

（2）积极推进全民创业。新建改建100家较高水平的中小企业创业辅导基地，到“十二五”末总数达到400家。积极推进多种形式的全民创业活动，新建一批小微型企业，全省每万人拥有民营企业个数达到35个。

（3）大力发展产业集群。到2015年，全省培育年营业收入超100亿元的产业集群50个，年营业收入超50亿元的产业集群120个，年营业收入超10亿元的产业集群300个；全省50%规模以上企业进入全省各类产业集群，产业集群经济总量占全省县域经济总量的50%以上。

（4）合力培育大企业（大集团）。培育形成年营业收入50亿元以上的民营企业（集团）100个以上，其中，年营业收入100亿至500亿元民营企业（集团）50个以上，年营业收入500亿至1000亿元的民营企业（集团）8个以上，年营业收入1000亿元以上的民营企业（集团）力争5个以上。

（5）加强人才队伍建设。“十二五”期间，每年选送100名民营企业家到高等院校进行系统进修培训，对1000名规模以上民营企业高级管理人才进行短期集中培训，对10000名小企业经营管理者进行专题培训。到2015年，全省建成100个省级人才培训基地，全省民营经济人才总量达到350万人，其中，管理人才100万人，专业技术人才75万人，高级工以上高技能人才175万人。

四、"十二五"期间我省民营经济发展的保障措施

（一）完善政策体系，优化发展环境

（1）营造宽松的政策环境。认真贯彻落实《中华人民共和国中小企业促进法》、《国务院关于鼓励支持和引导个体私营等非公有制经济发展的若干意见》、《国务院关于进一步促进中小企业发展的若干意见》、《河北省人民政府关于进一步加快民营经济发展的意见》等法律、法规和政策措施，进一步完善促进民营经济发展的措施办法，努力破除体制和机制障碍，实现平等准入和公平待遇。加大帮扶力度，支持中小企业特别是小型微型企业发展。

（2）营造浓厚的舆论环境。加强与新闻单位的联系与合作，借用媒体力量，通过多种形式，大力宣传解读国家和省、各地促进民营经济发展的政策措施，总结推广先进典型和经验做法，表彰先进人物，积极为中小企业、民营经济发展营造良好的舆论氛围。

（3）营造良好的服务环境。在全省积极推进中小企业服务体系建设，积极培育各级民营经济综合服务机构，开展综合服务试点。建立完善政策宣传、服务导航、服务热线等窗口功能，整合、激活服务资源，培育服务品牌，推进公共服务平台建设。建成一批多功能、广覆盖，便捷、实用的示范性社会化服务平台，带动各类社会专业服务机构和行业协会为民营企业服务，形成较完整的民营经济服务体系。

（4）营造高效的政务环境。进一步简化审批手续，提高办事效率，规范市场秩序，提供优质服务；狠抓"三乱"治理，努力减轻企业负担；进一步完善省、市、县三级民营经济法律服务组织，建立网上法律咨询平台和法律服务热线，依托法律服务机构开展面向中小企业的维权服务。继续开展"金色阳光行动"，维护企业合法权益。

（二）转变发展方式，做优主导产业

（1）促进产业优化升级。大力实施工业强省战略，全面推进工业提升计划，加快传统产业的改造力度。结合重点产业调整振兴规划的实施，筛选装备制造、生物医药、信息产业、纺织服装、食品加工等重点行业的民营企业，开展与大企业对接配套活动，推进专业化分工协作，延伸产业链条，提升产业发展水平。推进特色产业园区和工业聚集区建设，引导企业向产业园区和聚集区集中，培育发展一批规划科学、主业突出、特色明显、规模大、链条长、竞争力强的产业集群。

（2）培育战略性新兴产业。坚持把加快发展战略性新兴产业作为主攻方向，立足我省省情和科技、产业基础，重点培育和发展节能环保、新一代信息技术、

生物医药、高端装备制造、新能源、新材料等产业，形成具有区域特色新的经济增长点和竞争优势。

（3）实施名牌战略。重点扶持技术含量与附加值高、市场潜力大的名牌产品企业。加大名牌培育和推介力度，促进名牌产品升级晋档，以名牌企业、名牌产品为依托，着力打造区域品牌，提升产业产品国内外知名度。到2015年，全省民营企业培育100个中国名牌产品和驰名商标，1000个省名牌产品和著名商标，1000个中小企业名牌产品，100个特色产业名县名镇。

（4）推进技术创新。以建立健全技术创新体系为重点，实施“民营企业技术创新工程”，调整优化企业技术结构。引导企业建立企业技术中心，加大技术创新投入，培育一批科技型中小企业，走“专、精、特、新”的发展道路。鼓励和支持在主导产业、特色产业和产业集群中，建立技术研发中心、产品检测中心、模具中心、产业信息中心、人才培训中心等公共技术服务平台，努力满足企业的共性技术需求和公共服务需要，实现技术、人才、信息等资源共享。到2015年，全省建设200个公共技术服务平台，其中省级示范平台40个。

（三）激发创业潜能，壮大市场主体

（1）完善创业政策。认真贯彻落实《国务院关于进一步促进中小企业发展的若干意见》、《河北省人民政府关于鼓励创业的决定》、《河北省人民政府关于进一步促进中小企业发展的实施意见》，全面清理不利于创业发展的政策性规定，加快行政审批制度改革，减少、合并行政审批事项，在融资、土地、人才、政府采购、权益保护等方面给予政策扶持。进一步营造公开、公平的市场环境，激发全社会创业热情，鼓励各类层次人员、各种类型企业积极投身创业实践。重点抓好下岗失业人员自主创业、企业家二次创业、知识型人才创业、外出务工人员返乡创业、外地企业投资创业，努力催生发展一批民营中小微型企业创业主体，以创业促就业、以创业促增收、以创业促发展。

（2）拓宽创业领域。进一步深化垄断行业改革，扩大市场准入范围，降低准入门槛，按照非禁即入原则，加快民营资本进入垄断行业和领域的步伐。围绕壮大我省主导产业拓展创业领域，鼓励引导创业主体依托各级工业聚集区，发展配套产业，延长产业链条，促进特色产业集群发展；围绕现代农业开辟创业领域，大力发展农产品加工业和特色农业，推进农业产业化经营；围绕现代服务业探索创业领域，积极拓展生产性服务业，提升生活性服务业，鼓励引导发展物流配送、电子商务、通信、传媒、旅游、会展、文化教育、医疗、中介、社区服务等现代服务业，开辟更加广阔的创业领域。

（3）搭建创业平台。进一步加大政府引导支持力度，按照社会化、市场化、公共性原则，充分整合利用社会资源，建立和完善民营企业创业服务体系，为创业者提供全方位、多层次、低成本的专业化服务。大力支持创业辅导基地建设，统筹安排创业辅导基地项目用地需求，合理安排用地指标，按照政府引导、多元投资原则，高标准建设一批创业辅导基地。大力开展创业辅导服务活动，建立和完善财政补助机制，积极推广订单服务方式，支持社会服务机构开展培训、融资、信息、技术、管理、营销、认证、法律和政务代理等服务。

（四）加大资金支持，破解融资难题

（1）健全担保体系。到2015年，全省融资性担保机构达到500家，资本金总量达到500亿元以上，形成1500亿元的融资担保能力。做大省级融资性担保机构，以国控担保集团公司为主体，为民营企业提供直接担保和多种形式的融资服务，适当开展再担保，2015年资本金达到150亿元；以省中小企业信用担保中心为主体组建省级再担保机构，构建全省再担保体系，适当开展直接担保，2015年资本金达到10亿元；以国富担保公司为主体，为“三农”项目提供直接担保，2015年资本金达到5亿元；依托省供销社组建的新合作投资担保公司，2015年资本金达到3亿元，形成省级担保机构分工明确、协调配合的融资担保体系。做强市级担保机构，每个设区市至少建成1家资本金规模1亿元以上的区域性核心担保机构，石家庄、唐山、保定、邯郸市要达到3亿元以上。做实县级担保机构，各县级担保机构资本金规模达到5000万元以上。县级以上政府要安排资金对融资性担保机构给予风险补偿。

（2）加大财税扶持。扩大扶持中小企业发展专项资金规模，2011年省财政安排1亿元，各设区市不少于2000万元，各县（市、区）不少于500万元，并逐步扩大规模，支持中小企业加快发展。全面落实国家和省促进中小企业特别是小微企业发展的税收优惠政策，符合条件的，税务部门应及时办理税收减免手续。对年新增销售收入3000万元以上的民营企业，由县（市、区）按其当年新增地方税收当地财政留成部分的20%给予支持；对税务部门确认、纳税后提出申请的小型微利企业，由当地政府给予一定额度补贴。

（3）强化金融支持。金融机构要建立中小企业融资量化考核制度，确保中小企业贷款增速不低于全部贷款增速。县级以上政府要安排资金对金融机构中小企业贷款实行风险补偿。鼓励和引导银行等金融机构在国家产业政策和信贷政策指导下，开发适合中小企业的信贷产品，增加信贷投入，创新金融服务方式，提高服务质量。

（4）拓宽融资渠道。支持具备条件的民营企业、中小企业依法开展股权融资、债权融资、租赁融资、项目融资等其他方式的直接融资。培育、支持具备条件的中小企业上市融资，拟上市企业申报材料经中国证监会受理后，当地政府给予一次性补助50万元，企业成功上市后一次性奖励100万至150万元。

（五）拓宽国内外市场，增强竞争能力

（1）加强国际交流。紧紧围绕市场开拓这条主线，突出特色产业、突出县域经济、突出区域品牌，组织参加中国国际中小企业博览会、APEC 中小企业技术交流暨展览会等大型经贸活动，推动中小企业开拓国内外市场。

（2）开展区域合作。组织民营企业以环渤海经济圈为重点的京津冀经济技术的交流与合作，以西部大开发、中部崛起和振兴东北老工业基地为重点的中小企业、民营企业东西合作，以省际间、区域间同行业、同产业横向联合为重点的专业化合作，支持组织省内特色经济、特色产业产销对接活动。

（3）鼓励企业“走出去”。鼓励民营企业到境外投资兴业、境外招商考察、境外申报知识产权和承接国际产业转移，进一步方便民营企业专业技术人员赴境外开展经贸商务活动。

（4）扩大利用外资渠道和领域。引导企业积极引进先进生产设备、技术和管理经验，推进企业境外融资、上市，统筹安排企业利用国际金融组织和国外政府贷款，不断壮大自身经济实力，提高民营企业竞争力。

（六）强化人才支撑，提供智力保障

（1）实施“适用人才聚集工程”。进一步优化人才发展环境，加大人才引进力度，促进各类人才向民营经济聚集，使民营企业成为人才密集地。各级中小企业行政主管部门、人事部门要加强协调，举办多种形式的人才招聘、交流活动，为民营企业引进人才搭建服务平台。全省民营经济单位每年引进各类人才 10000 名以上。

（2）实施“重点人才培养工程”。到 2015 年，依托高校和具备条件的教育培训机构建立 100 个民营企业人才培训基地。开展学历教育，与知名高校联合，对重点企业经营管理人员进行继续教育培训，大力开展适应性短期培训，以集中面授和远程教育培训为主要形式，组织新知识、新理论、新方法、新标准、新政策等各类短期培训，更新理念、开拓思路、拓宽视野、提升素质，建设一支有抱负、懂经营、善管理、敢创新的民营企业家队伍，到 2015 年，完成集中培训 10 万人（次），远程培训 20 万人（次）。

（3）实施“全员素质提升工程”。广泛开展普及性培训，立足于企业自主培训，指导企业开展在岗职工的全员培训，“十二五”期间，对企业职工普遍轮训一次。积极开展民营企业职业技能资格鉴定工作，实施“金蓝领”工程，推行持证上岗制度，到 2015 年，力争 80% 以上在岗职工获得职业技能资格证书，为企业健康发展提供高素质的职业技能人才。

（七）加强运行监测，搞好引领指导

（1）强化运行分析监测。健全民营经济统计体系，强化运行监测工作，抓好全省重点行业工业中小企业及部分第三产业中小企业生产经营运行监测工作，“十二五”期间，重点监测企业达到2000家以上。着重做好钢铁、建材、装备制造、纺织服装、化工、采掘、食品加工等重点行业工业企业生产经营运行监测，探索建立行业景气指数，引导企业健康发展。

（2）加强县级统计直报。进一步强化县级民营经济统计直报工作，扩大乡（镇）级统计直报范围。“十二五”期间，县级民营经济统计直报点发展到100个，乡（镇）级统计直报点发展到500个，拓宽省级直接获取基层企业发展信息的渠道，为指导民营经济发展提供可靠的宏观决策依据。

（3）建立分析评估制度。组织社会中介机构对重点区域和行业民营经济发展情况进行评价研究，每半年提出一次分析评价报告，指导企业生产经营，引导行业健康发展。

（八）强化组织推动，规范企业行为

（1）加强组织领导。发挥各级民营经济领导小组及其办公室的作用，加强组织协调和监督检查，及时解决民营经济发展中的重大问题。进一步转变行政职能，改进工作作风，依法指导与管理。

（2）完善激励机制。健全和完善对设区市、县（市、区）发展民营经济工作的考核办法和百强民营企业、优秀民营企业家、创业功臣评选办法，每季度对各设区市、县（市、区）民营经济发展情况进行通报，每年对各设区市、县（市、区）政府及有关部门推动民营经济发展情况进行考核评价，对前3名的设区市政府、前10名的县（市、区）政府给予表彰和奖励。每年评选一次全省百强民营企业，重奖创业功臣和优秀民营企业家，使其政治上有荣誉、经济上得实惠、社会上有地位。

（3）规范经营行为。积极引导民营企业自觉遵守法律、法规，依法经营，照章纳税，按照国家宏观调控政策要求，主动调整和优化产业产品结构，搞好环境保护和安全生产，降低资源消耗，促进清洁生产。重点加强劳动监察和劳动关系的协调，重视对民营企业执行劳动合同、工资报酬、劳动保护和社会保障等法律、法规和政策的监督检查，建立和完善民营企业劳动关系协调机制，及时化解争议，促进劳动关系和谐，推动全省民营经济更好更快发展。

附录2 中共河北省委 河北省人民政府关于推进新型城镇化的意见

冀发［2014］6号

为贯彻落实党的十八届三中全会、中央城镇化工作会议和省委八届六次全会精神，促进我省城镇化健康发展，提出以下意见。

一、总体要求和目标任务

（一）指导思想

以邓小平理论、“三个代表”重要思想、科学发展观为指导，深入贯彻落实习近平总书记有关京津冀协同发展重要讲话精神，坚持以人的城镇化为核心，以京津冀协同发展为引领，着力优化城镇化布局形态，着力提高城镇建设管理水平，着力创新体制机制，着力提高城镇化质量，有序推进农业转移人口市民化，遵循规律，因地制宜，积极稳妥，科学有序，走出一条符合河北实际的大中小城市和小城镇协调发展、城乡一体的新型城镇化道路，为建设全面小康的河北、富裕殷实的河北、山清水秀的河北提供重要支撑。

（二）基本原则

（1）坚持以人为本。推进农业转移人口市民化，促进基本公共服务均等化，使城乡居民共享现代化建设成果。

（2）坚持优化布局。发挥环京津、沿渤海区位优势，以城市群为主体形态完善城镇体系，推动大中小城市和小城镇协调发展。

（3）坚持生态文明。着力推进绿色发展、循环发展、低碳发展，节约集约利用土地、水和能源等资源，强化环境保护和生态修复。

（4）坚持文化传承。保护历史文化，延续发展脉络，建设有历史记忆、地域风貌、人文特色的城镇和乡村。

（5）坚持统筹协调。推动城镇化与工业化、信息化、农业现代化同步发展，促进产业与城镇互动融合发展，城乡要素平等交换和公共资源均衡配置。

（6）坚持分类指导。根据不同地区资源环境承载能力和自然历史禀赋，因地制宜选择城镇化发展路径，鼓励探索创新和试点先行。

（三）发展目标

（1）发展速度适宜。到2017年，全省常住人口城镇化率达到53%左右；到2020年，全省常住人口城镇化率达到56%左右，新增城镇人口800万左右，户籍人口城镇化率达到45%左右，努力实现1000万左右农业转移人口和其他常住人口的城镇落户。

（2）发展质量提高。城乡居住条件显著改善，生态环境明显好转，基础设施更加配套，公共服务体系更加完善，防灾减灾体系更加完备，城镇就业岗位持续增加，社会保障体系基本健全。

（3）发展方式合理。集约型、组团式成为城镇发展的主导，城镇空间布局和产业结构不断优化，绿色生产和绿色生活成为主要生产生活方式。

（4）发展体制健全。建立起新型城镇化政策体系，户籍管理、土地管理、社会保障、财税金融、行政管理、社会治理、环境保护等制度改革取得重大进展。

二、有序推进农业转移人口市民化

（1）改革农业转移人口落户制度。按照自愿、分类、有序的原则实施差别化落户政策，以合法稳定职业和合法稳定住所（含租赁）为前置落户条件，全面放开城区人口100万以下的城市和建制镇落户限制，合理确定城区人口100万以上的城市和首都周边城镇落户条件。承载压力大的地区可以根据实际对稳定职业、稳定住所的年限和范围做出具体规定。全面放开各类人才落户限制，放宽投靠类人员落户条件，实行省内外人员同等落户政策。健全人口信息管理制度，加快人口基础信息库建设。完善流动人口居住证制度，开展IC卡式居住证试点。探索推行社区公共地址管理使用办法，解决农业转移人口落户问题。

（2）保障农业转移人口基本公共服务。健全城镇基本公共服务体系，提高社会保障、医疗卫生、子女就学、技能培训、住房保障等公共服务能力。扩大社会保险覆盖面，完善城乡居民社会保障制度，推行社会保障一卡通，探索城镇居民、职工和新农合医疗保险衔接机制。研究制定流动人口享受基本公共卫生服务的相关政策，抓好流动人口卫生和计划生育基本公共服务均等化试点工作。以流入地政府管理为主，将农民工随迁子女义务教育纳入城镇教育发展规划和财政保障范畴。加快人力资源市场管理立法，打破城乡就业壁垒，实施城乡统筹的就业政策。鼓励社会力量开展职业技能培训，与公办职业培训机构同等对待。把外来务工人员纳入城镇住房保障体系，将稳定就业的农民工纳入住房公积金覆盖范围。稳步推进城中村改造，实现农民身份转为城镇居民、村委会转为居委会、集体经济资产转为规范的公司制运营。

（3）建立成本分担机制。加快构建政府、企业、个人共同参与的农业转移人口市民化成本分担机制，明确成本承担主体和支出责任。政府承担农业转移人口市民化在教育、医疗、养老、住房、就业、培训等方面的公共成本，建立财政转移支付同农业转移人口市民化挂钩机制。落实农民工与城镇职工同工同酬制度，企业依法与农民工订立劳动合同，为农民工缴纳各类社会保险费，多方引入社会资金分担农业转移人口市民化成本。农民工按照规定承担相关费用，积极参加各类保险、就业培训，提高融入城市社会的能力。

三、优化城镇化布局和形态

（1）推进京津冀城市群协同发展。落实京津冀协同发展国家战略，以建设京津冀城市群为载体，充分发挥保定和廊坊首都功能疏解及生态建设的服务作用，进一步强化石家庄、唐山在京津冀区域中的两翼辐射带动功能，增强区域中心城市及新兴中心城市多点支撑作用。把首都周边的一批县（市）建设成规模适度、特色鲜明、设施完善、生态宜居的卫星城市。依托重要交通干线，培育壮大重点城镇发展轴（带），促进发展要素向城镇集聚，构筑层次分明、梯度有序、分工明确、布局合理的区域城镇布局结构。

（2）做大做强中心城市。强化石家庄省会职能，全面提升综合服务功能，优化布局结构，加强环境治理和生态建设，不断晋升在全国省会城市的位次，增强对冀中南地区的辐射带动作用。京津周边地区城市全面深化与京津对接，优化城市功能定位和布局，大力发展战略性新兴产业、现代服务业和现代农业，构建京津冀协同发展核心区域。秦皇岛、唐山、沧州沿海地区城市充分发挥港口和临港产业优势，增强辐射带动作用，积极发展大物流、大产业、大港口，打造曹妃甸区、渤海新区、北戴河新区增长极，促进港、城、产一体化发展。发挥冀中南地区列入国家重点开发地区的优势，推动邯郸、邢台与中原经济区深度融合发展，成为中原经济区与首都经济圈交流合作的门户，打造省际合作的桥头堡，发挥衡水省级综合配套改革试验区示范作用，不断增强规模和实力。张家口市、承德市等北部地区城市加大生态环境保护力度，以张家口市与北京市联合申报冬奥会为契机，建设服务首都的特色功能城市。积极培育定州、辛集等省直管县（市），加快向新兴区域中心城市迈进。

（3）重点发展中小城市。扶持壮大中等城市，优先培育基础条件好、发展潜力大、区位条件优、经济实力强的县级市和县城，建设一批高标准的中等城市，到2020年，20万～50万人口的城市数量达到35个左右。全面推进县城建设，引导产业、资本、人口等要素向县城聚集，着力完善功能、改善环境、提高品位，配套建设基础设施、公共服务设施、各类商业设施，增强县城的承载力和吸引力。

(4) 大力培育特色小城镇。选择一批优势明显、发展潜力大的镇进行重点培育，发展成为经济发达、环境优美、功能完善、特色鲜明的小城镇。有条件的县（市）确定1～2个镇重点给予支持，着力提高生产要素和人口聚集的能力。进一步落实对重点镇发展的支持政策，加大各级财政资金投入力度。完善建制镇基础教育、医疗卫生、社会保障、商贸流通服务和支农服务等功能，强化镇与中心村之间的设施网络建设，统筹基础设施和公共设施建设，促进小城镇多样化、专业化和特色化发展，增强集聚和辐射功能。

(5) 构建互联互通综合交通网络。全面对接京津交通基础设施，加速高速铁路、高速公路、机场、港口建设，推进综合客运枢纽和综合货运枢纽建设，形成完善的公路网、快速的铁路网、发达的城乡公交网、现代化港口群和较完备的机场体系。加强中小城市和小城镇与交通干线、交通枢纽城市的连接，完善普通干线公路网络，提高农村公路技术等级，实现中心城市与县（市）、重要乡（镇）和重要产业园区便捷连接。构建以石家庄机场为中心，唐山、秦皇岛、邯郸、承德、张家口等机场为支点的航空体系，发展通用航空。完善港口集疏运体系，大力发展集装箱运输，构建现代化的港口群。统筹规划建设城市现代综合交通枢纽，加强铁路、公路、民航和城市轨道交通、公交巴士等多种交通方式间的无缝衔接。发展智慧交通，提高信息化管理水平。

四、强化城镇产业就业支撑

(1) 调整产业结构。坚持新型工业化和新型城镇化良性互动，着力提升以二、三产业为主的结构层次，加快传统产业转型升级，淘汰污染企业与落后产能。积极培育高新技术产业、战略性新兴产业，发展壮大现代服务业和旅游业，大力发展综合运输、现代物流、信息服务、研发设计等生产性服务业，发展就业容量大、吸纳能力强的生活性服务业，促进工业城市逐步向服务型城市转变。中小城市和小城镇重点发展优势产业和劳动密集型产业，大力扶持与农业生产相衔接的加工业和面向农村农民的生产性服务业。实施产业集群示范和提升工程，培育一批产业集群龙头企业和区域品牌，增强县域产业集群的竞争优势，实现县域经济与县城建设良性互动。

(2) 优化产业布局。完善产业布局规划，以城镇轴（带）为依托，以各类园区为载体，构建竞争力强的产业集群，形成新的区域经济支撑带。沿海地区发挥沿渤海的区位优势，面向全球进行产业定位，着力建设一批高标准产业园区，形成具有重大影响力的临港产业带，打造沿海地区率先发展增长极。京津周边地区积极主动为京津搞好服务，承接资金、人才、产业、技术等方面的转移，提高产业的智能化、低碳化水平，培育区域新的发展增长极。冀中南地区城镇加强与京津、黄骅港的通道连接，促进生产要素加快集聚，着力培育一批各具特色的产业集群。西北部地区积极开展以生态环境保护与恢复治理为中心的生态建设，严格控制开发强度，积极发展服务业，扶持发展现代农业，适度发展环境友好型工业，建设国家重要的生态功能区。促进产城互动发展，合理配置产业用地，促进产业向园区聚集、园区向城镇集中。搞好各类产业园区规划及环评，统筹空间布局、基础设施和公共服务设施建设，逐步发展成为功能性城市新区。

（3）营造创业就业环境。发挥城市创业平台作用，充分利用城市规模经济产生的专业化分工效应，放宽政府管制，降低交易成本，激发创业活力。完善扶持创业的优惠政策，运用财政支持、创业投资引导、政策性金融服务、小额贷款担保等手段，激励高校毕业生和各类人才创业，为中小企业特别是创业型企业提供良好的发展环境，以创业带动就业。结合产业升级开发更多就业岗位，促进以高校毕业生为重点的青年就业和农村转移劳动力、城镇困难人员、退役军人就业，提高城镇就业吸纳能力，使更多人通过城镇就业有序实现市民化。

五、提高城镇规划建设管理水平

（1）发挥城乡规划引领作用。修编省域城镇体系规划，完善城市总体规划、专项规划和控制性详细规划，提高规划设计水平，促进经济社会发展规划、城乡规划、土地利用规划、生态环境保护规划等多规合一，逐步形成城乡统一、配套齐全、科学实用的空间规划体系。把以人为本、尊重自然、传承历史、绿色低碳、精明增长理念融入城市规划全过程，开展城市总体规划评估工作，科学确定城市功能定位和空间布局，增强规划的前瞻性和可操作性。完善城乡规划委员会制度、公开公示制度、规划督察员制度、责任规划师制度，严格实行规划实施责任追究制度，保持城市规划权威性、严肃性和连续性，形成一张蓝图干到底的规划管理机制。制定城市规划建设考核指标体系，将城市规划实施情况纳入地方党政领导的考核和离任审计，加强地方人大对城市规划实施的依法监督。运用信息化等手段，强化对城市规划管控的技术支撑。

（2）加强城镇基础设施建设。完善城市道路系统，加密支路、步行和自行车网络，实施公共交通优先战略，全面推广公交一卡通，提高公交运行效率和出行分担率。加强无障碍环境建设。提升改造现有城市供排水设施，加快南水北调受水区地表水厂和配水管网建设。推进污水处理、污泥处置、雨水回收、再生水利用及配套管网设施建设。开展生活垃圾分类收集、存量垃圾治理、现有垃圾处理设施升级改造、餐厨废弃物无害化处理工作。加强天然气管网建设，建立多气源的城市供气体系。加快城市集中供热老旧管网改造，逐步淘汰分散燃煤锅炉。统筹各类地下设施、管线布局，加大地下管线投资，推进地下综合管廊建设。健全城镇防灾减灾救灾体制，完善应急管理体系，加强城市排水、防涝、防洪设施建设，提高防灾减灾能力。优化城市消防安全布局，构建布点合理、设施完善、装备精良的消防安全保障体系。

(3) 完善城镇公共服务。健全和完善城镇公共设施配置标准，根据城镇功能和人口数量，统筹布局建设中小学、幼儿园、医院、养老、文化、体育、便民市场等公共服务设施。逐步免费开放文化、体育、休闲等公共设施，加大社区服务设施建设和维护经费投入，保障社区居委会工作和服务用房，推进多功能、集成化社区便民服务设施建设，提高综合服务水平。优化学校布局和建设规模，合理配置中小学和幼儿园资源。加强县级医院、社区卫生服务机构建设，完善重大疾病防控等专业公共服务网络。实施公共文化设施达标工程，开展公共文化服务示范县（市、区）创建工作。创新公共服务供应方式，建立健全政府向社会力量购买服务机制，扩大政府购买社会服务规模，实现供给主体和方式多元化。

(4) 严格建筑质量管理。构建以工程质量终身负责制为核心的建筑工程质量管理制度体系，加强质量监督队伍建设，强化招投标监管，合理控制施工工期，实行优质优价，严格落实质量处罚制度。加大对建设、勘察设计、施工、监理等市场主体质量行为和工程质量的监管。严格执行施工安全主体责任制，强化对施工现场的安全管理。加快工程质量安全信息化、标准化建设，提高建筑工程质量监管效能。建立完善建筑方案设计专家决策机制，充分发挥和尊重规划建筑师的作用和创作成果。

(5) 提升城镇管理效能。转变政府职能，鼓励社会参与，实现政府治理和社会自我调节、居民自治良性互动。实行建管并重，完善“两级政府、三级管理、四级落实”管理体制，下移管理重心，条件成熟的镇建立城市管理体制。坚持依法行政、文明执法，理顺城管执法体制，推行相对集中行政处罚权。推进城市管理上台阶，实行城市管理工作标准化、人性化、精细化、社会化。完善城市管理标准体系，量化管理目标，细化管理标准，推行公用事业服务标准化，建立公开、便民、高效、规范的服务机制。以人的需求为首位目标，提供舒适便捷的服务。开展城镇环境容貌综合整治，建立精细管理长效机制，使城镇面貌干净、整齐、有序。科学划分城乡社区网格，完善社区治理模式，强化社区自治服务功能，创新社区管理和服务体制。

六、推进新型城镇建设

(1) 优化城市空间结构。遏制城市“摊大饼”式发展，构建中心城市主城区与周边县（市）同城化、组团式发展格局。划定城市禁建区、限建区、适建区和红线、蓝线、紫线、黄线、绿线，合理确定城市规模、开发边界、开发强度、建筑高度和保护性空间，设定容积率、绿化率等规范性要求。优化建设用地布局，高效利用工业用地，适当增加生活用地，严格保护生态用地。改造提升中心城区功能，加快棚户区改造进程，调整商业、办公、居住等功能布局，增加生态绿化和休闲游憩空间。合理布局城市新区，严格控制建设用地规模，优先安排市政基础设施和公共服务设施，推进功能适度混合和职住基本平衡，鼓励建设复合功能区和城市综合体，减少通勤量和交通污染。

（2）改善城镇生态环境。保护城镇水源保护区、自然保护区、风景名胜区、海岸线、湿地等重要生态功能区，抓好城镇道路、小区、广场游园绿化和城郊防护林、风景林、森林公园建设，积极创建文明城镇、卫生城镇、园林城镇、环境保护模范城镇。严格控制组团城市生态隔离空间，保护山体和水体原有的生态格局，预留防护绿地，控制水体沿岸建设，强化水功能区管理，控制地下水超采，保障用水安全。建设雨水收集利用设施，鼓励中水回用和再生水利用。加强大气、水、土壤污染防治，强化污水、垃圾处理设施建设和运营监管。加快城市中心区重污染企业搬迁改造步伐，对污染严重的违法排污企业实行关停并转。发展太阳能、地热能、风能、生物质能等可再生能源，加快既有建筑节能和热计量改造，大力推广应用建筑新技术、新材料、新设备，推进建筑工业化和住宅产业化。

（3）塑造城镇文化特色。建立传统优秀文化传承体系，保护文化遗产和自然生态景观，延续城镇历史文脉，努力建设有记忆的城镇。实施历史文化名城名镇名村、古树名木和风景名胜资源保护工程，对历史建筑、传统村落和古树名木等历史文化遗产进行普查鉴定、建立名录、登记挂牌，分级分类制定保护措施，纳入保护规划。加强非物质文化遗产保护工作，开展千年古县、千年古镇、千年古聚落地名申报保护工作。推进图书馆、群艺馆、博物馆等文化设施建设，大力发展文化产业。搞好城市设计，明确城市风貌特色定位和空间总体框架，合理控制建筑体量、高度、材质、色彩，突出建筑文化和艺术性。建筑方案设计充分融入中国元素和燕赵文化，体现地域、人文、环境、资源的特点，注重自然与环境保护、资源与能源集约利用、人与自然和谐发展、弘扬历史文化。加强精神文明建设，提高城镇居民道德素质。

（4）推进智慧城镇建设。加强信息网络、数据中心等信息基础设施建设，广泛应用物联网、云计算、大数据等新一代信息技术，促进信息化与城市发展深度融合。大力推进“三网融合”，加快城市光纤到楼入户、农村宽带进乡入村。推进城市基础信息库建设，完善地理信息、城市规划、环境保护、城市管理、社会治安、灾害应急处置等智能化信息系统。强化信息资源社会开发利用，推动跨部门、跨行业、跨地区的信息共享和业务协同，抓好国家级智慧城市建设试点，适时开展省级试点工作，鼓励市场化投融资、信息系统服务外包，吸引社会资本参与智慧城市建设。

七、推动城乡发展一体化

（1）发挥城镇带动作用。编制以县（市）域为单元的城乡总体规划，统筹布局基础设施、公共服务。加快基础设施向农村延伸，推动水、电、路、气、讯等基础设施城乡联网，因地制宜实行城乡一体化垃圾处理模式，完善城乡一体客运网络。加快公共服务向农村覆盖，扩大公共财政覆盖农村范围，提高基础设施和公共服务保障水平，财政资金对农村基础设施和基本公共服务支出持续、稳步增加，推动城乡公共服务均等化。建立城乡统一的人力资源市场、建设用地市场、金融市场。增加信息惠农、技物结合的专家服务，加大先进实用农业科技成果转化推广的奖励力度。

（2）加快发展现代农业。创新农业经营体系，培育专业大户、家庭农场、农民合作社、股份合作企业。支持各类市场主体兴办形式多样的农业企业，鼓励工商企业发展现代农业，培育一批独立的农业经营法人实体。采取财政扶持、税费优惠、信贷支持等措施，重点支持各类新型农业经营主体和大型农产品流通主体。加强农村流通设施和流通网络建设，支持农产品批发市场、农村集贸市场升级改造。实施"百城购物·供销社超市"计划，积极探索公益性农产品市场建设。强化城乡产业联动，发展连锁直营、物流配送、电子商务等新型流通业务，加快农业专业化服务组织建设，加强农村实用人才特别是农村青年人才队伍建设。

（3）加强新农村建设。对县（市）域村庄进行定级定位，划分中心村、基层村、特色村、搬迁村，针对不同类别村庄分别提出规划建设要求。选择有条件的地方，尊重农民意愿，积极稳妥推进中心村建设，引导农村人口相对集中居住，促进土地节约集约利用、基础设施和公共设施统建共享，打造一批新民居示范村和农村新型社区。对基层村，重点推进厕所改建、饮水工程、垃圾处理、污水处理、村庄绿化、危房改造等项目建设，着力改善农民基本生活条件。对特色村，依托现有村庄特色，尽可能保留村庄原始风貌，慎砍树、不填湖、少拆房，在原有村庄形态上改善居民生活条件，彰显燕赵特色。对不适宜人居的边远、小型村，实施搬迁整合。推进农村饮水安全工程、电网改造工程、通信升级工程、民居地震安全工程。关爱农村留守儿童、妇女、老人，研究制定治理"空心村"政策措施。

八、创新城镇化发展体制机制

（1）改革土地管理制度。从严从紧控制占用耕地，避让优质耕地，严禁占用永久基本农田，严禁突破规划设立新城新区和各类园区。严格控制城镇新增建设用地规模，保障城镇基础设施和公共服务用地。统筹城乡发展用地，积极推进增减挂钩和工矿废弃地复垦利用试点，探索开展人地挂钩。建设节地型城镇，严格用地标准，加强节地考核，开展城镇低效建设用地再开发利用，着力盘活闲置土地。用好用足地下地上空间，鼓励建设多层标准厂房，对在结构调整和压减过剩产能中退出的企业用地，给予优惠政策。积极稳妥推进农村土地管理制度改革，保障农户宅基地用益物权，加快集体土地房屋登记，完善农村承包土地流转制度，建立城乡统一的建设用地市场，推进农村集体经营性建设用地与国有土地同等入市、同权同价。落实不动产税收政策，逐步减少城镇建设对土地出让金的过度依赖。

（2）创新资金保障机制。推进投融资体制改革，建立政府与市场合理分工的多元化可持续城市基础设施投融资体制。按照事权与支出责任相匹配的原则，加大各级财政对非经营性基础设施建设项目的投入力度，发行市政债券。建立动态平衡的政府偿债保障机制，防范债务风险。通过特许经营、投资补助、运营补助、政府购买服务等多种形式，吸引民间资本参与城市公用设施投资运营，探索建立政府统一监管的民间融资市场和管理机构。理顺市政公用产品和服务价格形成机制，建立健全阶梯电价、阶梯水价、阶梯气价制度，落实污水处理收费制度和供热计量收费制度。

（3）健全城镇住房制度。建立市场配置和政府保障相结合的住房制度，推动形成总量基本平衡、结构基本合理、房价与消费能力基本适应的住房供需格局。健全住房供应体系，稳定增加商品住房供应，大力发展二手房市场和住房租赁市场，实现住房供应多元化。健全保障性住房制度，建立各级财政保障性住房稳定投入机制，逐步增加保障性住房有效供给。完善租赁补贴制度，实行保障性住房并轨运行，制定公平透明的保障性住房分配政策。健全房地产市场调控机制，调整完善住房、土地、财政、金融等政策。建立以土地为基础的不动产统一登记制度，推进部门信息共享。努力提高城镇物业管理水平，构建和谐、文明社区。

（4）优化行政区划格局。建立跨区域城市发展协调机制。合理拓展中心城市行政区规模，有序推进设区城市周边具备行政区划调整条件的县（市）撤县设区，纳入市辖区管理，解决市县同城、重名等问题，支持有条件的中等城市适时提升为区域中心城市。适时调整部分县（市）城区区划设置，推动具备行政区划调整条件的县撤县设市。对设市城市城区范围内具备行政区划调整条件的镇撤镇设街和村改居，理顺行政管理关系，强化政府管理职能。扩大省直管县（市）和强镇扩权改革试点范围，审慎稳妥推进具备行政区划调整条件的乡撤乡设镇。重点镇设立村镇建设管理办公室，其他镇（乡）政府明确机构和人员，负责村镇建设管理工作。选择具备一定规模和经济基础的建制镇，开展扩权强镇改革试点工作。

九、强化推进措施

（1）建立健全协调机制。成立省城镇化工作领导小组，统筹重大政策研究和制定，协调解决城镇化发展中的重大问题。领导小组办公室设在省住房城乡建设厅，牵头推进政策落实和规划实施，监督检查工作进展情况。各市、县（市）党委和政府都要把城镇化工作摆在全局的位置来抓，明确城镇化工作机构，给予必要的人员编制和经费保障。加大对城镇化财政资金扶持力度，每年视财力情况适当安排一定比例经费。各级住房城乡建设、发展改革、人力资源社会保障、财政、公安、民政、国土资源、环境保护、交通运输、工业和信息化、人防等部门要加强配合，形成合力。

（2）完善规划和配套政策。制定《河北省新型城镇化规划（2014～2020年）》，各市、县（市）都要根据当地实际，相应制定新型城镇化规划，发挥好规划的引领作用。统筹科研机构、高等院校等智力资源，积极开展城镇化重大课题研究，为政策制定提供参考依据。调整修订和制定符合新型城镇化需要的规章政策，大力推动人口、土地、投融资、住房等各项制度改革，注重发挥市场对资源配置的决定性作用。推进公共政策公示、公布和听证制度建设，充分考虑社会各阶层利益，努力实现社会公平和包容发展。

（3）开展试点示范。根据推进新型城镇化工作需要，突出重点、分层次、有步骤地开展试点工作，在户籍管理制度、土地管理制度、行政管理体制和农业转移人口市民化成本分担机制、多元化可持续城镇化投融资机制等方面，确定一批城镇化改革试点市、县（市）和乡（镇），赋予先行先试的权利。继续推进创新城市、智慧城市、低碳城市、生态城市试点，开展绿色建筑、绿色小区、优秀建筑、特色风貌街区、景观街道等示范项目评选活动。

（4）加强干部和人才培养。统筹高校、党校、行政学院等教育资源，适时举办多层次新型城镇化培训班，引导各级领导干部加快更新思想观念和知识结构，提高领导干部推进城镇化的能力和水平。大力培养和引进规划建设管理人才，有计划地组织专业技术培训，完善人才评价和激励保障机制。

（5）搞好评估监测。加强城镇化统计工作，建立健全新型城镇化统计指标体系，规范统计口径、统计标准和统计制度方法，每年发布全省新型城镇化发展报告。制定新型城镇化发展评估体系，作为评价各级领导干部实绩的重要依据。加强对重点工作的督查，及时公布督查和整改结果，接受社会监督。加大宣传力度，营造推进新型城镇化的良好氛围。

各地各部门要结合实际，制定本地本部门实施意见和政策措施。

附录3　河北省人民政府关于加快金融改革发展的实施意见

冀政〔2014〕113号

各设区市人民政府，各县（市、区）人民政府，省政府各部门：

为贯彻落实党的十八届三中、四中全会和省委八届六次全会精神，加快推进金融改革发展，创新金融体制机制，优化金融发展环境，打造现代金融服务体系，全面提升金融服务实体经济的能力和水平，助推科学发展、绿色崛起，结合我省实际，制定如下实施意见：

一、发挥金融支撑作用

（1）推进多种形式融资。加强与各金融机构总部的战略合作，争取对我省扩大信贷投放和资金配置。支持银行业机构创新产品，优化信贷结构，综合运用票据、融资租赁、资产证券化等方式，增加资金投放。发挥好政策性银行在新农村和城镇化建设、开发性建设、出口贸易等方面的信贷支持作用。拓展信托业务，吸引社会资本通过股权、债权融资等方式参与项目建设，筹集基础设施项目资本金。加大债券融资力度，鼓励符合条件的企业发行企业债券、公司债券、短期融资券、中期票据、中小企业集合票据、中小企业集合债券等，做好中小企业私募债券发行试点工作。推动企业到境内外多层次资本市场挂牌上市。鼓励有条件的上市公司进行战略性并购重组，提高整体实力。扩大上市后备资源储备，选择成长性好、管理规范的企业纳入后备资源库，有针对性地开展上市培育。推进与期货交易所战略合作，积极开发农副产品、中药材等期货品种。发挥期货市场的定价、规避风险等作用，支持实体企业开展套期保值。加强与保险公司总部或保险资产管理机构对接，拓宽保险资金在我省的投资渠道。利用各类基金支持基础产业、新兴产业和高科技产业发展。（省金融办、人行石家庄中心支行、河北银监局、河北证监局、河北保监局、省发展改革委、省工业和信息化厅、省财政厅、省科技厅等部门按职责分工负责）

（2）支持“三农”和小微企业发展。鼓励全国性股份制银行、城市商业银行、农村中小金融机构向县域以下延伸网点。统筹发挥政策性、商业性、合作性金融机构的协同作用，支持县域经济发展。鼓励金融机构研究开发适合“三农”和小微企业的金融产品。推广应用“龙头企业 + 农户 + 金融机构”等信贷模式。

探索建立农村产权评估、收储、流转、处置服务平台。适当提高小额贷款公司融资比例，拓宽融资渠道，发挥支农支小作用。探索金融扶贫开发模式，着力推动产业化金融扶贫，创建金融扶贫示范县。建立小微企业和农业信贷风险补偿基金。支持银行业金融机构建立小微企业专营机构，单列信贷计划，完善绩效考核机制。推进信贷资产证券化，将盘活资金用于小微企业贷款。开展小额贷款保证保险业务，促进小微企业融资。支持规模较大、技术领先、发展前景好的小微企业在同行业或上下游企业实施兼并重组，进行债券融资和股权融资。（省金融办、人行石家庄中心支行、河北银监局、河北证监局、河北保监局、省委农工部、省发展改革委、省工业和信息化厅、省财政厅、省农业厅、省住房城乡建设厅、省科技厅、省工商局、省农村信用联社、省供销社等部门按职责分工负责）

（3）关注民生事业建设。大力发展普惠金融。强化农村金融基础设施建设，优化农村支付结算环境，完善电子支付结算网络，力争实现现代金融服务手段在全省行政村全覆盖。综合运用政策性和商业性信贷资金，支持县城建设和棚户区城中村改造，以及新型农村社区、农村产业园区建设。加大对消费、自主创业、扩大再生产的金融支持。积极发展消费金融，开发住房贷款、大宗耐用消费品、子女上学等消费贷款品种，扩大旅游、教育等消费金融业务。支持保险机构对重大灾害、突发事件开通保险理赔快速通道。鼓励保险机构探索运用股权投资、战略合作等方式，设立医疗机构和参与公立医院改制，促进我省养老健康服务业发展。继续扩大治安保险覆盖面，强化基层基础风险保障。加快推广金融 IC 卡，逐步实现在公共服务领域的应用。（省金融办、人行石家庄中心支行、河北银监局、河北保监局、省财政厅、省农业厅、省住房城乡建设厅、省卫生计生委、省教育厅、省旅游局等部门按职责分工负责）

（4）支持重点行业和重点项目建设。充分发挥政府职能作用，整合银行、证券、保险、信托、基金等各类金融资源，利用市场化手段，创新金融产品和服务，重点支持战略性新兴产业、现代服务业以及我省传统产业转型升级。鼓励融资租赁公司开展业务创新，加大对重点行业、重点项目的融资支持力度。创新城镇化建设投融资机制，支持新型城镇化发展。加强融资、结算、理财、咨询等综合性金融服务，发挥金融对我省沿海地区建设的支撑作用。加快曹妃甸区、渤海新区和北戴河新区金融创新实验。支持探索以海域、海岛使用权证进行抵质押融资。动员社会资本发起组建河北航运基金，支持港口基础设施建设。（省发展改革委牵头，省工业和信息化厅、省交通运输厅、省商务厅、省财政厅、省住房城乡建设厅、省金融办、人行石家庄中心支行、河北银监局、河北证监局等部门参加）

（5）促进经济转型升级。发展绿色信贷，实施差别化信贷政策，严控“两高一资”行业的信贷投放，促进我省化解过剩产能和大气污染治理。推进环境污染责任保险。加大金融对我省钢铁产业结构调整的支持力度。推动节能减排企业开展碳排放权、排污权交易。设立环境保护和转型升级私募基金，加强金融与产业的对接。大力发展科技金融，支持科技企业开展多元化融资。鼓励金融机构开展还款方式创新，开发和完善适合科技企业融资需求的授信模式。设立科技型中小企业上市专项资金，完善科技型中小企业贷款风险补偿机制，鼓励保险机构开发推广科技型中小企业履约保证保险、贷款保证保险等产品。推进国家级高新技术产业开发区科技保险试点。（省金融办、省发展改革委、省环境保护厅、省国资委、省科技厅、省财政厅、人行石家庄中心支行、河北银监局、河北证监局、河北保监局等部门按职责分工负责）

（6）提升保险保障功能。大力发展农业保险，扩大主要农作物保险和森林保险覆盖面，扩大设施农业等省定特色产业保险试点范围。探索开展农业巨灾保险，争取将旱灾、病虫害等风险纳入政策性农业保险保障范围。推动农房、农机等涉农保险业务，推进能繁母猪、奶牛保险等。开展农产品价格保险试点。加大商业保险参与社会保障体系建设力度，全面推开大病保险，鼓励保险公司开展补充医疗和补充养老保险，争取开展老年人住房反向抵押养老保险。支持符合条件的企业建立企业年金。扩大医疗、校园安全等责任保险覆盖面。推进食品安全、安全生产等责任保险。发展农民小额人身保险、计划生育系列保险等。推动国内贸易信用保险的应用。（河北保监局、省财政厅、省金融办、省农业厅、省林业厅、省教育厅、省卫生计生委、省人力资源社会保障厅、省环境保护厅、省旅游局、省食品药品监管局、省安全监管局、省供销社等部门按职责分工负责）

二、发展各类金融组织

（1）发展壮大地方金融机构。深化农村信用社改革，支持民间资本参与农村信用社改制，加快推进县级联社改制农村商业银行、农村信用社股份有限公司。推动省农村信用联社去行政化管理、强化服务职能。做大做强城市商业银行，完善法人治理结构，增强资本实力，提高服务水平。支持省内符合条件的银行业金融机构发起设立村镇银行。推进河北银行、财达证券公司尽早上市融资。鼓励多元化社会资本入股省金融租赁公司，壮大资本实力。支持恒银期货公司引进战略投资者，进行增资扩股和战略性重组，提升规模和水平。支持燕赵财产保险公司发展壮大，适时向省外布局。促进渤海信托公司加快业务转型创新，提高行业地位和市场竞争力。推动省级投融资平台健全法人治理结构。鼓励符合条件的大型企业集团组建财务公司，增强资金运营能力。支持省级融资性担保公司增资扩股和兼并重组，引入民营资本参与组建省再担保公司，构建省、市、县三级专业化和综合性的融资担保体系。组建河北金融资产管理有限公司，有效处置盘活金融不良资产。探索组建省金融控股集团。建立完善地方金融机构业绩考核与薪酬管理制度，强化内控机制建设，促进健康规范发展。（省金融办牵头，人行石家庄中心支行、河北银监局、河北证监局、河北保监局、省国资委、省工业和信息化厅、省财政厅等部门按职责分工负责）

（2）培育区域股权交易市场。把区域股权交易市场作为多层次资本市场的重要组成部分，支持石家庄股权交易所创新发展，提升功能，完善服务。大力培育挂牌主体，支持市场前景好的科技型中小微企业到石家庄股权交易所挂牌，进行股权融资或股权质押融资。加强融资产品研发，构建产品多样、风险可控的融资服务体系，满足广大中小微企业的融资需求。制定相关政策，支持挂牌企业转板“新三板”。重点围绕“新兴产业＋股权价值”，将石家庄股权交易所打造成为我省服务中小微企业发展的融资中心、信用中心、服务中心、信息中心、创新中心。（省金融办牵头，河北证监局、省财政厅、省工业和信息化厅、省科技厅等部门参加）

（3）发展民营金融机构。选择有实力、信用好的社会资本发起设立自担风险的民营银行、融资（金融）租赁公司，积极争取消费金融公司试点。鼓励民间资本参与我省地方金融机构重组改造，对参与地方金融机构风险处置的民营企业，可适当放宽持股比例。其中，对参与高风险农村信用社并购重组的，可阶段性超出规定比例。稳步推进小额贷款公司试点工作，重点发展科技、扶贫等多形式小额贷款公司。加强对典当行业的监管，推动其结构调整和业务创新。依据国家法律法规，组织指导基层供销社及农民专业合作社自愿、依法在合作社内部、社员之间封闭开展资金互助合作。按照严格规范、加强管理、风险可控的原则，探索供销合作社发展合作金融和保险等农村金融业务。以发展多层次、多类型创业投资和产业投资基金为重点，扶持一批天使投资基金，做大一批创业投资基金，组建一批并购投资基金、成长型企业股权投资基金，设立一批夹层投资基金，形成结构合理、功能完善的基金业发展格局。（省金融办、人行石家庄中心支行、河北银监局、河北证监局、省发展改革委、省科技厅、省工业和信息化厅、省财政厅、省商务厅、省国资委、省工商局、省供销社等部门按职责分工负责）

（4）加强中介服务组织建设。加强与各中介组织协会的联系，积极发挥中介组织协会的规范、自律、引导作用。大力引进培育会计、审计、法律、资产评估、资信评级、证券咨询、保险经纪、保险公估等中介组织，构建与国际接轨的专业化金融中介服务体系。引进培育金融软件企业和金融服务外包企业。鼓励发展商业保理机构和第三方支付机构。推动建立市、县金融服务中心、金融超市，做好投融资信息发布、金融产品推介、政策咨询和财务顾问等服务工作。（人行石家庄中心支行、河北银监局、河北证监局、河北保监局、省金融办、省财政厅、省司法厅、省商务厅、省供销社等部门按职责分工负责）

（5）规范发展民间融资。按照“引导发展、创新管理、防范风险”的原则，全面加强民间融资管理，制定管理意见，建设公平竞争的融资市场，将民间融资培养成为多层次现代金融市场体系的重要力量。规范发展农村合作金融、民间资本管理公司、民间借贷登记服务机构，建立民间融资组织登记备案制度，有序对接民间资金的供给和需求，推动民间融资阳光化、规范化发展。（省金融办牵头，省委农工部、省工商局、省供销社、人行石家庄中心支行、河北银监局等部门参加）

三、加快金融创新

（1）发展互联网金融。成立我省互联网金融行业自律组织，研究制定行业准入门槛和行业标准，在防范风险前提下，力争3至5年打造一批P2P和众筹类企业。支持一批传统金融企业发展互联网金融业务。鼓励互联网企业和金融企业融合发展。支持社会资本发起设立互联网金融产业基金，鼓励各类机构投资有发展潜力的互联网金融企业。探索建设互联网金融产业聚集区。（人行石家庄中心支行、河北银监局、河北证监局、河北保监局、省金融办、省工业和信息化厅、省商务厅等部门按职责分工负责）

（2）加快要素交易平台建设。规范发展各类要素交易市场，支持产权、股权、林权、金融资产和环境能源等交易市场做大做强，推动组建土地、农村产权、知识产权和旅游资源等交易平台，构建传统产业、电商和金融三位一体的要素市场体系。加强对各类交易场所管理，研究制定监管办法。（省金融办牵头，省委农工部、省国土资源厅、省商务厅、省科技厅、省环境保护厅、省农业厅、省发展改革委、省工商局、省旅游局、省供销社、人行石家庄中心支行、河北银监局、河北证监局等部门参加）

（3）推动投融资模式创新。建立政府引导、政企分开、社会参与、市场运作的投融资体制。发展PPP等新型投融资模式，引入社会资本参与公路、铁路、市政公用设施、土地整治、产业园区等重点领域和重大项目建设。各市、县（市、区）政府要加强与金融机构、高等院校、科研院所合作，结合本地和项目建设需求，研究设计金融产品，创新投融资模式。（省财政厅、省发展改革委、省住房城乡建设厅、省国土资源厅、省金融办、人行石家庄中心支行、河北银监局、河北证监局等部门按职责分工负责）

（4）发展融资租赁业。支持工业制造、大型工程及基础设施建设等具有产业背景的大型企业开展融资租赁业务，鼓励服务运营商、各类投资机构等设立融资租赁公司，加快培育融资租赁主体，扩大融资租赁行业规模。引导融资租赁企业开展农村基础设施和重点工程设备融资租赁业务，做大交通运输、工业装备、工程建筑等传统融资租赁领域，拓展节能环保、高端装备制造、新能源、新材料、生物医药等战略性新兴市场，支持中小企业发展。加大融资租赁招商引资力度，支持融资租赁企业运用保理、上市、发行债券、信托、基金等方式拓宽融资渠道。研究制定促进融资租赁业发展政策措施。（省商务厅牵头，省金融办、省发展改革委、人行石家庄中心支行、河北银监局、河北证监局、省工商局等部门参加）

（5）提升信息服务质量。整合地方金融服务资源，建立河北融资网，实现金融与企业无缝对接。强化政府服务功能，积极搭建银企对接平台，实现互利共赢。建立保险资金投资项目库，通过各类金融信息平台适时发布投资项目，促进保险资金与我省经济建设项目有效对接。（省金融办、省工业和信息化厅、省发展改革委、省商务厅、省科技厅、人行石家庄中心支行、河北银监局、河北证监局、河北保监局等部门按职责分工负责）

（6）创新抵押担保方式。驻冀各金融机构要积极向总行（总部）争取金融产品创新试点。推动金融机构创新抵押担保方式，开展股权、知识产权、专利技术、排污权、景区门票收入权和特许经营权等质押融资。围绕农村土地“三权分离”，推动农村抵质押方式创新。探索开展农村土地经营权、订单、存货及大型农机具设备、厂房、蔬菜大棚、养殖园区等抵质押贷款。推广农户小额信用和联保贷款。支持产业园区、行业性自律组织和大型商贸物流企业等牵头建立中小企业贷款互保、联保机制。（省金融办、河北银监局、人行石家庄中心支行、省委农工部、省科技厅、省环境保护厅、省农业厅、省林业厅、省商务厅、省工业和信息化厅、省国土资源厅等部门按职责分工负责）

四、推动金融对外交流与合作

（1）加快金融业对外开放。按照国家金融政策，吸引域外银行、证券、保险和各种基金等在我省设立分支机构。鼓励域外银行业机构在我省发起设立村镇银行。支持城市商业银行、农村信用社引进战略投资者。引入农业险、责任险、养老险和健康险公司等专业性保险主体。鼓励外资发起设立创业投资企业、融资性担保机构、融资租赁公司和小额贷款公司，探索外资股权投资企业在资本金结汇、投资和基金管理等方面的新模式。（省金融办、人行石家庄中心支行、河北银监局、河北证监局、河北保监局、省工业和信息化厅、省商务厅、省发展改革委、省工商局等部门按职责分工负责）

（2）做好京津冀协同发展的金融服务。把握京津冀协同发展重大机遇，落实好京津冀区域合作协议，并积极争取国家在政策性信贷资金、地方政府债券和产业发展基金等方面给予特殊金融政策。围绕功能定位，加大对首都要素外溢、城市功能疏解和产业转移项目的金融支持力度。促进设立京津冀开发银行，重点支持回报期较长的基础设施及其他重大项目。承接京津金融产业转移和金融功能外溢，引进各类金融总部来我省设立产品研发、客户服务和数据备份中心等后台机构，打造金融产业后台服务基地。加强区域内各类资本市场分工协作，支持京津冀股权交易市场深度合作。发挥好京津冀产权交易中心联盟作用，实现三地产权交易的互联互通。推动三省市建立统一的抵押质押制度，推进区域内支付清算、异地存储、信用担保、融资租赁等业务同城化。争取实现金融创新政策在京津冀的一体化推广。（省金融办、省发展改革委、省商务厅、省供销社、人行石家庄中心支行、河北银监局、河北证监局、河北保监局等部门按职责分工负责）

（3）支持企业“走出去”发展。研究制定支持产能转移的金融政策。积极开展内保外贷、外汇及人民币贷款、贸易融资、国际保理和海外投资保险等综合金融服务。支持国家重大科技计划成果的转化和产业化、科技企业并购、国内企业自主创新、引进消化吸收再创新，推进科技企业开展国际合作和“走出去”。支持符合条件的企业向境外有序转移过剩产能，促进企业在全球范围内开展资源和价值链整合。推动企业开展跨境人民币结算业务，减少汇率波动影响，为拓展海外业务提供全方位金融服务。鼓励保险机构扩大出口信用保险承保规模、市场渗透率和覆盖面，为企业“走出去”提供一揽子服务。设立境外上市引导基金，推动企业境外上市融资。（省发展改革委、人行石家庄中心支行、河北银监局、河北证监局、河北保监局、省金融办、省科技厅、省商务厅、省财政厅、省工业和信息化厅、省工商局、石家庄海关等部门按职责分工负责）

五、优化金融发展环境

（1）加强组织领导。成立由省政府主要负责同志任组长、省有关部门和单位参加的河北省金融改革发展领导小组，办公室设在省金融办。驻冀金融管理部门要加大协调服务力度，增强主动性、创造性。各级各有关部门要将金融改革发展的各项任务纳入责任目标，落实责任，明确要求。（省委组织部、省编委办、省金融办、人行石家庄中心支行、河北银监局、河北证监局、河北保监局等部门按职责分工负责）

（2）建立健全地方金融监管体制。按照国家金融监管政策要求，加快推进我省地方金融监管体制改革，形成统一归口管理的地方金融监管体系。现阶段市、县（市、区）要明确负责地方金融监督管理职责的机构。健全金融业综合统计和分析制度，加快建立信息管理和实时监控系统，按照风险程度不同实行分类管理，加强日常监管和风险排查。尽快出台我省地方金融监管条例，推动地方金融立法进程。（省编委办、省金融办牵头，省法制办、省统计局、人行石家庄中心支行、河北银监局、河北证监局、河北保监局等部门按职责分工负责）

（3）完善金融风险防控体系。研究制定我省防范和打击非法集资暂行办法，建立健全金融稳定和打击处置非法集资、非法证券期货工作协调机制，按照职责分工，落实责任，加快构建完整高效的金融风险防范处置工作体系。加强对民间金融组织的审计监督，严厉打击非法集资、非法证券期货等严重破坏金融秩序的违法犯罪行为，防止发生系统性、区域性金融风险。（省委政法委、省公安厅、省金融办牵头，省打击和处置非法集资工作领导小组成员单位等部门参加）

（4）加快社会信用体系建设。制定社会信用体系建设规划，建设全省统一的信用信息数据库和共享、公示平台，归集整合金融、工商、税务、物价、公安、安全监管、环境保护、质监、食品药品监管等部门的信用信息。完善企业信用分类监管制度，建立企业信用预警和黑名单制度，建立健全多部门联合对守信激励、失信惩戒的良性机制。加强诚信宣传教育，推动诚信河北建设。（省发展改革委、人行石家庄中心支行牵头，省社会信用体系建设领导小组成员单位按职责分工负责）

（5）加强金融人才队伍建设。引进高层次金融人才，在居住、子女教育、医疗等方面提供支持。选派高层次金融人才到市、县任职，鼓励各级政府与金融机构开展双向挂职交流。开展各种金融培训，提高各级党政领导干部现代金融意识和运用金融工具的能力。组织会计、审计和法律等中介机构从业人员参加金融业务培训，提高专业服务水平。（省委组织部、省金融办、省教育厅、省财政厅、省人力资源社会保障厅、省住房城乡建设厅、省卫生计生委等部门按职责分工负责）

参考文献

[1] 凯恩斯．就业、利息和货币通论［M］．北京：商务印书馆，1964.
[2] 梅耶，杜森贝里，阿利伯．货币、银行与经济［M］．上海：上海三联书店，2007.
[3] 庞巴维克．资本实证论［M］．北京：商务印书馆，1964.
[4] 萨缪尔森．经济学［M］．12 版．北京：中国发展出版社，1995.
[5] 马尔萨斯．政治经济学原理［M］．北京：商务印书馆，1962.
[6] 庞巴维克．资本实证论［M］．北京：商务印书馆，1964.
[7] 维克赛尔．国民经济学讲义［M］．上海：上海译文出版社，1983.
[8] 马歇尔．经济学原理（上）［M］．北京：商务印书馆，1981.
[9] 熊彼特．经济发展理论［M］．北京：商务印书馆，1990.
[10] 西蒙·库兹涅茨．现代经济增长［M］．北京：北京经济学院出版社，1989.
[11] 斯密．国富论（上卷）［M］．北京：商务印书馆，1972.
[12] 刘易斯．经济增长理论［M］．上海：上海人民出版社，1994.
[13] 诺思，托马斯．西方世界的兴起［M］．北京：华夏出版社，1988.
[14] 杨敬年．西方发展经济学概率论［M］．天津：天津人民出版社，1987.
[15] 陶文达．发展经济学［M］．成都：四川人民出版社，1990.
[16] 万解秋．货币银行学通论［M］．上海：复旦大学出版社，2005.
[17] 万解秋．社会保障基金投资运营研究［M］．北京：中国金融出版社，2003.
[18] 沈天鹰．资本形成的货币金融维度［M］．北京：人民出版社，2001.
[19] 杨思群．资本积累与资本形成——储蓄投资经济分析［M］．北京：社会科学文献出版社，1998.
[20] 王益．资本形成机制与金融创新［M］．北京：经济科学出版社，2003.
[21] 沈坤荣．体制转型期的中国经济增长［M］．南京：南京大学出版社，1999.
[22] 张军．增长、资本形成与技术选择：解释中国经济增长下降的长期因素［J］．经济学，2002，1（2）：302－338.
[23] 武剑．货币政策与经济增长——中国货币政策发展取向研究［M］．上海：上海人民出版社，2000.
[24] 李焰．中国居民储蓄行为研究［M］．北京：中国金融出版社，1999.
[25] 魏杰，沈坤荣．居民储蓄分析［M］．北京：经济科学出版社，1995.
[26] 郑江淮，袁国良，胡志乾．中国转型期股票市场发展与经济增长关系的实证研究［J］．管理世界，2000（6）：2－15.
[27] S·克里·库伯，唐纳德·R·弗雷德．金融市场［M］．北京：中国金融出版社，1987.
[28] 彭兴韵．金融发展的路径依赖与金融自由化［M］．上海：上海人民出版社，2002.
[29] 邓映翎．西方储蓄理论［M］．北京：中国金融出版社，1991.
[30] 王广谦．中国经济增长新阶段与金融发展［M］．北京：中国发展出版社，2004.
[31] 李书彦．FDI 对河北省国内企业投资影响的实证研究［J］．河北工业大学学报，2006，35（6）：73－77.

[32] 易丹辉．数据分析与 Eviews 应用［M］．北京：中国统计出版社，2002.
[33] 李子奈．高等计量经济学［M］．北京：清华大学出版社，2000.
[34] 朱德林，胡维熊．储蓄理论求索［M］．上海：上海人民出版社，2003.
[35] 于祖尧．中国经济转型时期个人收入分配研究［M］．北京：经济科学出版社，1997.
[36] 李扬，何德旭．经济转型中的中国金融市场［M］．北京：经济科学出版社，1999.
[37] 李国疆．我国居民储蓄存款的变动及政策意义［J］．经济问题探索，2003（3）：70－73.
[38] 宋铮．中国居民储蓄行为研究［J］．金融研究，1996（6）：47－51.
[39] 齐天翔．转轨时期的中国居民储蓄研究［J］．经济研究，2000（9）：25－33.
[40] 龙志和，周浩明．中国城镇居民预防性储蓄实证研究［J］．经济研究，2000（11）：33－38.
[41] 中国人民银行研究局课题组．中国国民储蓄和居民储蓄的影响因素［J］．经济研究，1999（5）：3－10.
[42] 刘明志．中国的国内储蓄（1978—1996）：趋势、构成和决定因素［J］．金融研究，1998（5）：7－11.
[43] 何德旭．居民储蓄的多视角分析［J］．财经问题研究，2003（7）：34－38.
[44] 袁志刚，宋铮．人口年龄结构、养老保险制度与最优储蓄率［J］．经济研究，2000（11）：24－32.
[45] 胡乃武，张海峰．中国居民储蓄实证分析［J］．财贸经济，2001（4）：21－24.
[46] 谢平．制度变迁与个人的储蓄行为［J］．财贸经济，2000（10）：15－20.
[47] 郭克莎．中国：改革中的经济增长与结构变动［M］．上海：上海三联书店，1993.
[48] 中国社会科学院经济增长课题组．经济增长、结构调整的累积效应与资本形成——当前经济增长态势分析［J］．经济研究，2003（8）：3－12.
[49] 李治国，唐国兴．资本形成路径与资本存量调整模型——基于中国转型时期的分析［J］．经济研究，2003（2）：34－42.
[50] 张军，章元．对中国资本存量 K 的再估计［J］．经济研究，2003（7）：35－43.
[51] 张军．资本形成、工业化与经济增长：中国转轨的特征［J］．经济研究，2002（6）：3－13.
[52] 张军．资本形成、投资效率与中国的经济增长——实证研究［M］．北京：清华大学出版社，2005.
[53] 麦金农．经济发展中的货币与资本［M］．上海：上海人民出版社，1997.
[54] 贺菊煌．我国资产的估算［J］．数量经济与技术经济研究，1992（8）：24－27.
[55] 古扎拉蒂．计量经济学［M］．北京：中国人民大学出版社，2002.
[56] 张杰．制度、渐进转轨与中国金融改革［M］．北京：中国金融出版社，2001.
[57] 王曙光．金融自由化与经济发展［M］．北京：北京大学出版社，2004.
[58] 郭克莎．工业化与城市化关系的经济学分析［J］．中国社会科学，2002（2）：44－55.
[59] 谈儒勇．中国金融发展和经济增长关系的实证研究［J］．经济研究，1999（10）：53－61.

[60] 韩廷春. 金融发展与经济增长：基于中国的实证分析 [J]. 经济科学，2001 (3)：31 -40.
[61] 洪银兴，刘志彪，范从来. 转轨时期：中国经济运行与发展 [M]. 北京：经济科学出版社，2000.
[62] 胡永泰. 中国全要素生产率 [J]. 经济研究，1998 (3)：33 -41.
[63] 臧旭恒. 中国消费函数分析 [M]. 上海：上海三联书店，上海人民出版社，1995.
[64] 吴强. 经济发展中的资本积累 [M]. 北京：中国金融出版社，1993.
[65] 吴先满. 中国金融发展论 [M]. 北京：经济管理出版社，1994.
[66] 张昌彩. 中国融资方式研究 [M]. 北京：中国财政经济出版社，1999.
[67] 俞天一. 中国金融运行机制转换研究 [M]. 北京：中国金融出版社，1998.
[68] 赵志君. 资本流动与中国经济增长 [M]. 北京：中国物价出版社，2002.
[69] 冯巍. 企业投资行为研究 [M]. 北京：中国时代经济出版社，2002.
[70] S·格利，爱德华·S·肖. 金融理论中的货币 [M]. 上海：上海人民出版社，上海三联书店，1994.
[71] 戈德史密斯. 金融结构与金融发展 [M]. 上海：上海三联书店，1990.
[72] 莫迪利亚尼. 莫迪利亚尼论文选 [M]. 北京：商务印书馆，1993.
[73] 中国社科院财贸所课题组. 投资与经济增长关系的实证分析及其财政政策选择 [J]. 财政研究，2000 (2)：14 -18.
[74] 谢平. 中国个人储蓄行为分析（上）[J]. 金融研究，1993 (8)：23 -27.
[75] 谢平. 中国个人储蓄行为分析（下）[J]. 金融研究，1993 (9)：17 -24.
[76] 陈玉光. 我国居民高储蓄及其向投资转化机制研究 [J]. 中国社会科学，1996 (5)：4 -17.
[77] 肖红叶，周国富. 我国储蓄 - 投资转化有效性研究 [J]. 统计研究，2000 (3)：8 -14.
[78] 张天祀. 我国储蓄 - 投资转化机制问题 [J]. 金融研究，1997 (6)：36 -39.
[79] 孙凤，王玉华. 中国居民消费行为研究 [J]. 统计研究，2001 (4)：24 -30.
[80] 陈明理. 投融资机制对经济增长的影响 [J]. 投资研究，2001 (8)：44 -48.
[81] 周银香. 从生产、消费、投资看我国的经济增长 [J]. 统计与决策，2002 (2)：15 -16.
[82] 周银香. 我国储蓄 - 投资转化机制的发展轨迹与现实选择 [J]. 统计与信息论坛，2002 (3)：62 -66.
[83] 臧旭恒. 居民资产与消费选择行为分析 [M]. 上海：上海三联书店，2001.
[84] 吴少新. 储蓄转化的金融机制分析 [M]. 北京：中国经济出版社，1998.
[85] 巫克飞. 储蓄投资与社会总供需平衡 [M]. 厦门：厦门大学出版社，1993.
[86] 刘方械，张少龙. 支撑中国经济增长——中国消费·储蓄·投资研究 [M]. 北京：华文出版社，2001.
[87] 许晓峰. 筹资与投资分析 [M]. 北京：社会科学文献出版社，1998.
[88] 田江海. 投资主体多元化与方式多样化 [M]. 北京：中国财政经济出版社，1993.
[89] 张合金. 投资规模调节论 [M]. 北京：中国财政经济出版社，2000.

[90] 罗云毅. 积累率研究——中国的理论与实践 [M]. 北京：中国商业出版社，1991.
[91] 武剑. 储蓄、投资和经济增长——中国资金供求的动态分析 [J]. 经济研究，1999 (11)：29 - 38.
[92] 王江. 我国储蓄投资转化机制的变迁与金融效率 [J]. 投资研究，1997 (7)：15 - 21.
[93] 黄家骅. 居民投资：实现两个转变的重要机制 [J]. 财贸经济，1997 (5)：44 - 49.
[94] 张亦春，佘运九. 我国储蓄转化投资的机制与间接融资分析 [J]. 农村金融研究，1999 (7)：3 - 5.
[95] 李栋文. 我国储蓄转化投资问题研究 [J]. 金融研究，2001 (9)：85 - 92.
[96] 王明华. 论我国储蓄 - 投资转化中的制度问题 [J]. 经济学动态，2000 (11)：31 - 33.
[97] 贺学会. 我国储蓄 - 投资转化机制探讨 [J]. 金融研究，1996 (6)：38 - 41.
[98] 周立. 中国各地区金融发展与经济增长 (1978—2000) [M]. 北京：清华大学出版社，2004.
[99] 范德胜. 经济转轨时期的中国金融发展和经济增长 [M]. 北京：中国金融出版社，2006.
[100] 秦国楼. 现代金融中介论 [M]. 北京：中国金融出版社，2002.
[101] 米什金. 货币金融学 [M]. 4 版. 北京：中国人民大学出版社，1998.
[102] 杰弗里·萨克斯，费利普·拉雷恩. 全球视角的宏观经济学 [M]. 上海：上海三联书店，上海人民出版社，1997.
[103] 滋维·博迪. 投资学 [M]. 北京：机械工业出版社，2002.

冶金工业出版社部分图书推荐

书　　名	定价（元）
新能源导论	46.00
锡冶金	28.00
锌冶金	28.00
工程设备设计基础	39.00
功能材料专业外语阅读教程	38.00
冶金工艺设计	36.00
机械工程基础	29.00
冶金物理化学教程（第2版）	45.00
锌提取冶金学	28.00
大学物理习题与解答	30.00
冶金分析与实验方法	30.00
工业固体废弃物综合利用	66.00
高性能及其涂层刀具材料的切削性能	48.00
活性炭-微波处理典型有机废水	38.00
废旧锂离子电池钴酸锂浸出技术	18.00
资源环境人口增长与城市综合承载力	29.00
现代黄金冶炼技术	170.00
光子晶体材料在集成光学和光伏中的应用	38.00
中国产业竞争力研究-基于垂直专业化的视角	20.00
顶吹炉工	45.00
反射炉工	38.00
合成炉工	38.00
自热炉工	38.00
铜电解精炼工	36.00
钢筋混凝土井壁腐蚀损伤机理研究及应用	20.00
地下水保护与合理利用	32.00